高等职业教育
汽车检测与维修专业教学资源库

高等职业教育专业教学资源库建设项目规划教材

汽车电器实训

Qiche Dianqi Shixun

刘皓宇　主编

高等教育出版社·北京

内容提要

本书主要内容包括轿车电器故障的基本检查、汽车电源系统故障检修、汽车起动系统故障检修、汽车灯光系统故障检修、仪表及报警系统故障检修和车身电器系统故障检修6个单元。各单元以工作任务引领学习内容，辅以相应的技能训练，在提高学生专业技能的同时，帮助学生掌握专业基本知识，并培养学生分析问题、解决问题能力和团队协作能力。

本书可作为高等职业院校、高等专科学校、成人高校、本科院校的二级职业技术学院汽车检测与维修、汽车电子技术等相关专业的教材，也可供汽车行业从业人员参考。

图书在版编目(CIP)数据

汽车电器实训/刘皓宇主编. --北京：高等教育出版社,2014.7

ISBN 978-7-04-029138-4

Ⅰ. ①汽… Ⅱ. ①刘… Ⅲ. ①汽车-电气设备-高等职业教育-教材 Ⅳ. ①U463.6

中国版本图书馆CIP数据核字(2014)第020606号

策划编辑 徐 进　责任编辑 徐 进　特约编辑 李宝清　封面设计 于 涛
版式设计 马敬茹　插图绘制 尹 莉　责任校对 刘春萍　责任印制 田 甜

出版发行 高等教育出版社
社　址 北京市西城区德外大街4号
邮政编码 100120
印　刷 北京铭成印刷有限公司
开　本 787mm×1092mm 1/16
印　张 12.75
字　数 290千字
购书热线 010-58581118
咨询电话 400-810-0598
网　址 http://www.hep.edu.cn
　　　 http://www.hep.com.cn
网上订购 http://www.landraco.com
　　　 http://www.landraco.com.cn
版　次 2014年7月第1版
印　次 2014年7月第1次印刷
定　价 25.60元

物 料 号 29138-00

前　　言

随着现代电子技术的飞速发展，计算机技术在汽车上的应用范围越来越广泛，使汽车的动力性、经济性、环保性、安全性、舒适性得到了进一步的提高。随着汽车电器设备的逐渐增多，汽车电路越来越复杂，汽车电器与电路检修工作内容与性质发生了根本性的变化。以4S店为代表的汽车综合售后服务取代了单一的汽车电器修理业务，以全车电路故障诊断、更换故障部件取代了传统的对单一电器部件的修理。汽车电器与电路的故障诊断技术在现代汽车检修技术中的地位越来越重要。本书以汽车机电维修工的工作需要为目的，与汽车电器与电路维修实践紧密结合，充分吸收行动导向的职教理念，力图满足现代职业教育的需要。

目前国内汽车电器实训教材大多数是偏重汽车电器理论和修理实践，故障诊断训练方法和训练车型较陈旧，严重脱离生产实际。本书对传统的教学内容做了较大的改进，把汽车电器与电路的故障诊断及综合服务作为汽车电器实训的核心内容。编者将多年的教学经验与生产实际需要相结合，将学习内容与工作内容相结合，将学习过程与工作过程融为一体，编写了这本适应现代汽车维修企业需要，理实一体的汽车电器实训教材。

本书借鉴丰田汽车电器维修培训教材体例，在内容上选取汽车维修实践中故障率较高的电器部件的诊断与修理内容，在编排上依据技术难度从简单到复杂进行有机整合，在体例上每个项目即是一个汽车电器与电路诊断维修工作中的一个完整工作过程。主要内容包括：轿车电器故障的基本检查、汽车电源系统故障检修、汽车起动系统故障检修、汽车灯光系统故障检修、仪表及报警系统故障检修和车身电器系统故障检修6个单元。

本书由承德石油高等专科学校刘皓宇担任主编，徐景波担任副主编。具体编写分工为：徐景波编写第一单元；段兴华编写第二、三单元；刘皓宇编写第四、五单元；许海东编写第六单元。全书由刘皓宇负责统稿。

由于编者水平有限，教材疏漏之处在所难免，希望读者及时提出修改意见和建议，以便再版修订时改正。

本书在编写过程中，参考和借鉴了大量的相关资料和书籍，在此一并向有关作者致以最诚挚的谢意！

编　者

2014年5月

前 言

目 录

第一单元

轿车电器故障的基本检查

项目一

故障车辆接待

第一部分　实 训 组 织

一、实训目的与要求

1. 掌握车辆的接待与交接程序，能够与客户进行故障现象的交流。
2. 了解检修任务单的主要内容，能够正确填写承修车辆检修任务单。

二、安全与环保教育

1. 检查轿车前，必须先将挡位置于“空挡”，自动挡置于“P”挡。将手刹置于“制动”状态。
2. 检查时必须先放置座椅和车身护罩。
3. 移动车辆时，应由司机或专门接车人员操作，学员不能自行驾驶车辆。

三、实训设备及工具

1. 训练用丰田轿车（或其他轿车）一辆。
2. 数字万用表等检查工具。
3. 汽车电工工具、检查用汽车元器件。

四、实训步骤与方式

项目	学时分配	教学方式（建议）
课前准备	课余	预习教材，查阅资料。
教师讲授	1学时	重点讲授汽车仪表及指示灯的应用，汽车外观检查方法，接车常见问题，检修任务单填写方法。
实训操作	2学时	进行接车操作；进行仪表检查和外观检查；填写接车单和检修任务单；总结任务完成情况。

第二部分 实训内容

故障车辆接待是汽车电器与线路检修工作的第一步,对故障诊断结果、检修效率、检修质量以及企业的信誉起到至关重要的作用。学员或业务接待员要能够正确地引导客户,对车辆故障与相关的使用感受进行相对完整的描述,这就是汽车检修任务的开始。

1. 客户陈述记录

经总结与归纳后的客户陈述,应由以下三个部分组成。

(1) 基本信息

车辆的品牌、型号、购车时间、行驶里程、保养状况、主要行驶的路面特征以及最后一次保养或维修的日期与内容,都属于该车辆的基本信息。其中,购入的是新车还是二手车?车辆经常行驶的路面是以高速公路为主、城市道路为主,还是以乡村公路为主?车辆准确的累计行驶里程是多少?这些信息的集合,就成为目前大致的车况。

(2) 故障现象

引导客户将故障发生时的印象与感受,用最通俗的语言表述出来。比如:“我每天早晨在起动发动机时,或者在急加速时,车头那里经常传来类似鸟叫的声音。”这句话就非常生动地描述了故障发生的频率、诱发故障的两个条件与故障的异响特征。

车辆的故障基本上由异响类故障、振动类故障、功能类故障与电器类故障组成。对于异响类故障,最好能说明是连续性异响还是断续性异响,比如:“沙……沙……”与“嗡……嗡……”属于连续性异响,“嗒嗒嗒嗒”与“咚咚咚咚”属于断续性异响。功能类故障是特指车辆在加速、制动、换挡与行驶的过程中的功能异常。比如:加速不良、制动跑偏、方向盘经常飘忽不定等。

另外,对各类故障发生时的车速、挡位、发动机转速、水温、道路、天气,以及空调、灯光等辅助设备的使用情况进行准确的描述,也是非常重要的。因为这些信息将有助于维修人员缩小故障检查与诊断的范围,缩短维修时间。

(3) 故障历史

要尽量让客户说明是突发性故障还是渐进式故障,以及诱发故障的条件或故障渐进的过程与特征。这将有助于提高维修人员的工作效率与维修质量。比如:“昨天我下班时下大雨,车辆在冲过一个水洼后,今天发现发动机怠速有明显的抖动。”这是一个关于突发性故障的描述。如果省略或忘记车辆的涉水经历,就有可能增加维修人员对故障误判的概率。另外,多数突发性故障属于恶性故障,如果不及时查明原因,都有可能带来灾难性的后果。

另外,业务接待员也应该利用自己的专业知识与工作经验,正确理解与尊重客户对故障的描述,并将客户的重要口述直接记录在检修任务单中,以便于维修人员能够一次性了解更多的相关信息,以缩短故障判断与故障修复的时间。

2. 结算与交车环节

结算与交车环节,是“4S”店等汽车维修企业在经营与管理中非常重要的环节,也是在汽车检修工作任务中容易被忽略，却往往是客户最关注的两个环节。所以，提高结算与交车环节的客户满意度，也是汽车检修任务的重要组成部分。

（1）结算环节

向客户必须提供的结算单据包括：维修发票、维修工项与零件清单等，此外，随着我国汽车工业的发展与企业服务意识的提高，还需要在结算环节中，能够详细地向客户提供相关服务细节的书面文件，以进一步地体现企业的服务透明度与服务过程的增值效应。

比如：在维修环节中的拆装、检查、清洗、调整与更换中的具体内容，首先应该由维修人员实施现场记录，并在结算环节由业务接待员或结算员进行相应的文字整理，并最终体现在客户的结算单据中，使客户能够体验到一个明明白白的消费过程。

（2）交车环节

交车环节在汽车维修任务中占有重要的地位，如不能正确地进行交车，将对企业的客户满意度造成一定程度的隐形伤害，甚至造成不必要的纠纷。以下交车要点是必须做到的：

1）与客户共同回顾检修任务单上的服务内容，并逐一进行相应的服务说明。

2）对收费项目的收费依据向客户做出说明。其中包括零件费用、工时费用或辅料费用，以及关于优惠工项的相关说明。更重要的是要对免费检查项目，以及实施该项目的必要性向客户做出相关说明。

3）根据客户的车况，向客户预估下次维修的相关工项、相关费用以及相应的等候时间。其中，对客户车辆的费用预估是其中的重点。

4）交车工作应该在车辆现场完成。尤其是钣喷工项，应与客户共同确认其修复件的平整度、与相邻覆盖件间隙的均匀度，以及油漆质量与油漆色差。

5）当客户表示满意后，由该业务接待员陪同客户到收款台付款。

3. 故障车辆的基本检查

故障车辆入厂时应对其进行基本检查，确定车辆的基本现状，填写入厂检查单。根据故障现象初步确定检修方案，填写检修任务单。

（1）仪表指示状态检查

观察仪表指示状态是确定汽车现状的基本方法，如图 1－1 所示，检查包括以下内容：

1）燃油表及警告灯指示。

2）水温表及警告灯指示。

3）自动变速器挡位指示。

4）发动机警告灯。

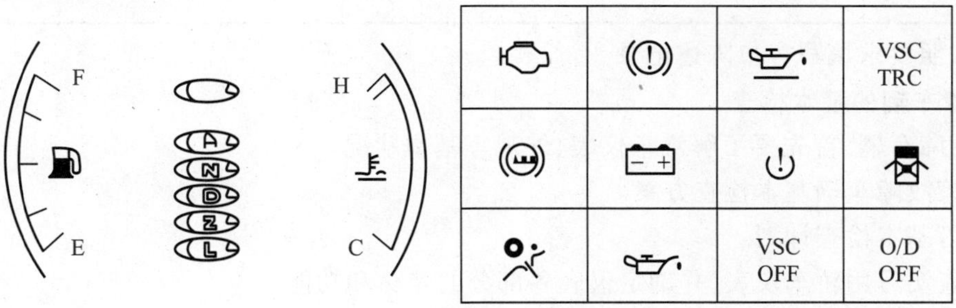

图 1－1　轿车仪表检查基本内容

5）驻车指示灯。

6）机油压力警告灯。

7）驱动防滑指示灯。

8）ABS 警告灯。

9）充电指示灯。

（2）外观检查

通常检修车辆都有一定的外观和辅助电器缺陷，为防止交车时引起纠纷，入厂时应对外观和辅助电器等做必要的检查。检查内容包括：

1）车身检查及缺陷记录。

2）内饰检查及缺陷记录。

3）音响等辅助电器检查及缺陷记录。

4）随车携带物品检查及记录。

（3）检修任务单的填写

如果维修费超过 5 000 元，客户除填写检修任务单外，还应该与修理厂签订正式维修合同，5 000元以下的检修任务单视为合同单。正式维修合同有统一的规范内容及双方的权利及义务，并指出正确的处理纠纷的渠道。检修任务单是重要的原始凭证，需要如实填写，如果在维修过程中出现添加或更改维修项目，必须在检修任务单上反映出来。

第三部分 实训操作

1. 接受任务

在汽修厂或生产性实习基地，熟悉修理工作环境，接受本项目工作任务，填写任务基本信息确认表。

（1）填写任务基本信息确认表，如表 1－1 所示

表 1－1 任务基本信息确认表

任务组长	任务是否清楚	车辆、工具准备	资料准备	需要了解的信息

（2）按照要求填写客户陈述记录

2. 故障车辆的基本检查

对于故障车辆，首先要了解汽车仪表、外观等基本状况。

1）决策故障车辆基本检查方案。

2）制订基本检查计划。

3）检查实习用轿车仪表，并确定仪表各部分的名称和功能。

图 1－2 所示为组合仪表外观图。

图 1－2　组合仪表外观图

4）检查实习用轿车仪表，并确定仪表各部分的工作状况。填写仪表工作状况表，如表 1－2 所示。

表 1－2　仪表工作状况表

警告灯	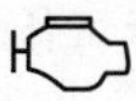		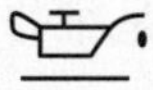	VSC TRC
名称状态				
警告灯			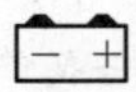	
名称状态				
警告灯			VSC OFF	O/D OFF
名称状态				

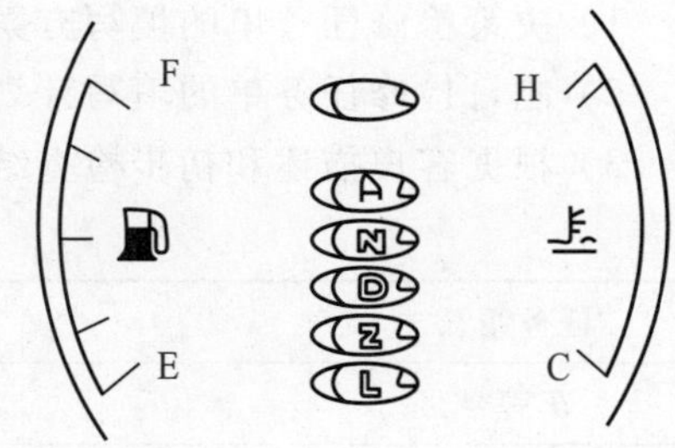

5）填写外观检查表(表 1－3)。

表 1－3　外观检查表

序号	外观瑕疵	瑕疵位置标注
		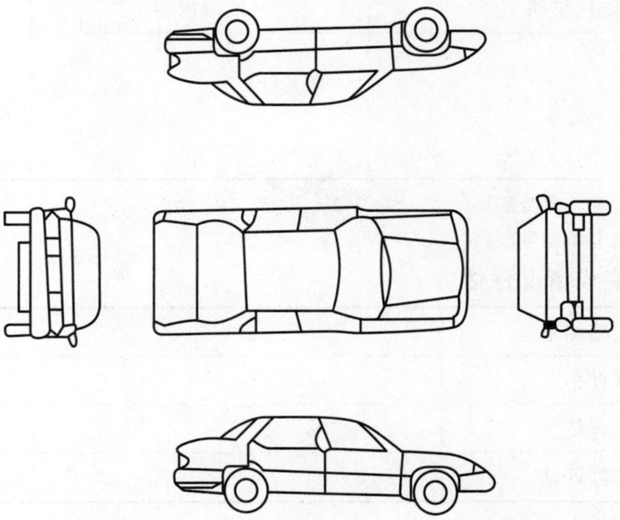

6）填写辅助电器及附属物检查表(表1-4)。

表1-4 辅助电器及附属物检查表

车牌号		车型		行驶里程		维修日期	
随车附件 良好(打✓) 有问题(打×)		点烟器			音响		
		升降器			备胎		
		钢圈及护盖			中控锁		
		随车工具			车内物品		
		内饰状况					

3. 填写检修任务单

填写检修任务单是故障车辆接待的重要步骤,是维修人员进行车辆检修工作的主要依据。

1）决策检修任务单的填写方案。

2）制订检修任务单的填写计划。

3）根据客户描述和初步检查结果填写检修任务单(表1-5)。

表1-5 检修任务单

任务组长		任务描述			
车牌号		VIN No.			
客户 ID		客户姓名			
邮政编码		地址			
电话1		电话2			
车型		SFX		外观颜色	
上次行驶里程		入厂规定		卡号	
委托事项		维修内容		必要零件	

注:VIN NO.——车辆身份号;

SFX——车辆类型号。

4. 任务完成情况评估

任务实施结果	
自我评估	
组长评估	
指导教师评估	

5. 任务完成情况总结

注:总结内容主要包括,本项目各任务完成过程中所遇到的主要问题是什么？如何加以解决？自己的主要收获是什么？有哪些经验教训？需要进一步学习哪些理论知识等。

项目二

汽车电器与线路基本检测方法

第一部分　实 训 组 织

一、实训目的与要求

1. 能够使用万用表检测常用电子元器件及常见汽车电器元件。

2. 能够进行汽车电器的就车检查，并会利用万用表判断汽车线路断路和短路位置。

二、安全与环保教育

1. 检查轿车前，必须先将挡位置于“空挡”，自动挡置于“P”挡。将手刹置于“制动”状态。

2. 使用前，应检查万用表转换开关的挡位与所要测量的电量是否一致。测量直流电量时要注意表笔极性的要求。

3. 如在汽车维修企业现场教学，则必须先进行入厂安全教育。

三、实训设备及工具

1. 实训用捷达轿车（或其他轿车）一辆。

2. 数字万用表等检查工具。

3. 电阻、电容、二极管等电子元件，蓄电池、点火线圈、高压线、灯泡等常见汽车元件。

四、实训步骤与方式

项目	学时分配	教学方式（建议）
课前准备	课余	预习教材，查阅资料。
教师讲授	1 学时	重点讲授指针式、数字式万用表的使用方法及注意事项，汽车电器就车检查方法和汽车线路检测方法。
实训操作	3 学时	按照计划（程序）进行汽车元器件、就车和线路检查操作，总结任务完成情况

第二部分 实训内容

轿车电器故障的检查方法主要有:电器装置就车检查、电器元器件检查和电器线路检查等,主要检查工具是万用表,一般应使用汽车专用数字万用表。万用表的使用、汽车线路图的识读以及汽车线路主要元器件的认识是汽车电器故障诊断和维修的基础。

1. 指针式万用表的基本使用方法

指针式万用表有500型、MF9型、MF10型等多种型号。万用表一般都具有测量直流电压、直流电流、交流电压、静态电阻等多种功能,有的还能测量交流电流、电容量、电感量以及半导体管的某些参数等。测量时应注意以下几点:

1) 为得到比较准确的测量结果,测量时指针式万用表应尽量水平放置,读数时应使眼睛、指针和指针在镜面上的投影保持在一条线上。

2) 万用表在使用前应检查指针是否在机械零位上。若不在,应用小改锥左右调节机械调零旋钮,使指针准确指在零位刻度处。

3) 选择测量挡位的基本原则是:测量电流、电压时,应该尽量使指针偏转在满刻度的2/3以上;测量电阻时,应该使指针偏转在刻度盘中值附近。

4) 由于电阻低值挡测量电流较大,高值挡测量电压较高,所以在测量晶体管、集成电路、传感器和汽车电脑时应该谨慎使用。

2. 数字式万用表的基本使用方法

由于现代轿车均采用电控系统,为了防止检查过程中损坏电脑,一般禁止使用短路线、试灯以及指针式万用表等传统检测工具,必须使用数字万用表或汽车专用数字万用表。利用数字万用表的电压挡和电阻挡判断线路的短路和断路,需要对汽车电路图正确识读,对线路能正确测量及分析。

数字仪表是一种新型仪表,具有测量精度高、灵敏度高、速度快及数字显示等特点。在汽车维修应用中,正逐步取代指针式万用表。

DT-890型数字万用表的面板如图1-3所示,该表前后面板主要包括:液晶显示器、电源开关、功能(量程)选择开关、h_{FE}插孔、输入插孔及在后盖板下的电池盒。

使用时,将黑色表笔插入"COM"插孔,红表笔视测量不同参量,可插入"V/Ω"、"A"或"10A"插孔,按下ON/OFF开关,如液晶显示屏左上角无"LO BAT"字样,则意味着电池电压正常,可进行测试。

测试直流电压及交流电压时,当将量程开关转到相应测量范围时,在没测量时,显示屏显示"000",在电流挡测试前,显示也相同。而在电阻挡测试前,即表笔开路时,液晶屏显示"1"。

电容测量时,将量程开关置CAP的相应挡位,由于各电容挡都存在失调电压,即没有电容时也会显示一些初始值,因而测量前必须调整"ZERO ADJ"(零点调节)旋钮,使初始值为000或-000,然后再插上被测电容进行测量。必须注意,每次更换电容挡,都要重新调零,还应事先将被测电容短路放电,以免造成仪表损坏或测量不准。

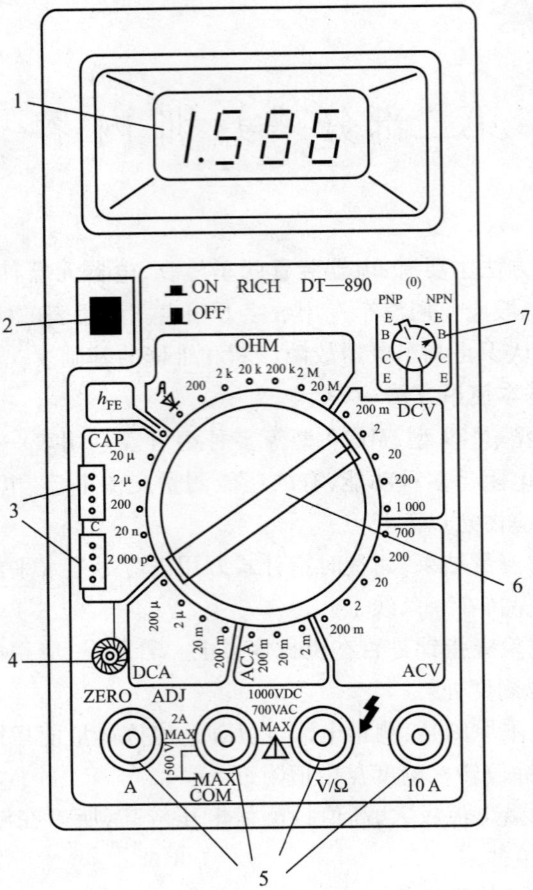

图 1-3 DT-890 型数字万用表

1—液晶(LCD)显示器；2—电源开关；3—电容插孔；4—测电容零点调节旋钮；
5—输入插孔；6—功能(量程)选择开关；7—h_{FE}插孔

测二极管时，功能选择开关置于二极管挡，红表笔插入“V/Ω”孔，接二极管正极，黑表笔插入“COM”孔，接二极管负极，则测出数值为其正向压降。据此压降值可确定二极管为锗管(0.15～0.30 V)还是硅管(0.50～0.75 V)，并可以判断二极管的好坏和极性。

线路通断检测时，红表笔插入“V/Ω”孔，黑表笔插入“COM”孔，若被测两点间电阻小于 30Ω 时，则声、光同时指示。

使用数字万用表时，应注意以下几点：

1）数字万用表需要使用电源工作，使用前应拨动开关接通电源，检查 9V 电源电压，如果电压不足，屏幕将显示“LO BAT”或者“BAT”字符，此时应该打开后盖，更换电池。如果无上述显示，则可以继续测量。

2）选择测量挡位的基本原则是：应该使屏幕上尽量显示更多的有效数字，这样测量精度才较高。测量中屏幕只显示“1”时，是测量结果溢出的提示，说明测量挡位应更换高的位置。

3）使用电阻挡时，红表笔极性为“+”。使用二极管测量挡位时，屏幕显示的是其正向导通电压值。当使用声响测试挡位时，只有被测电阻小于 30Ω 才会有声音提示。

4）更换电池或者熔断器时，应该切断电源操作，并注意熔断器的规格与原机相同。

注意

按照实习用数字万用表或汽车专用数字式万用表的使用说明进行汽车元器件的检查。

3. 汽车专用数字式万用表

汽车专用数字式万用表如图 1－4 所示，主要技术参数见表 1－6。

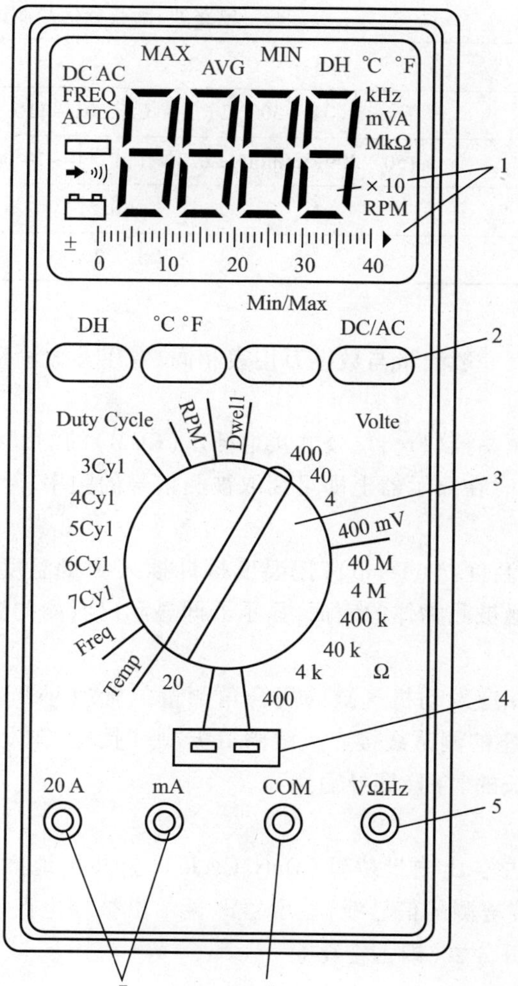

图 1－4　汽车专用数字式万用表

1—4 位数字及模拟量（棒形图）显示器；2—功能按钮；3—功能选择开关；4—测量温度插座；
5—测量电压、电阻、频率、闭合角、频宽比（占空比）及转速公用插座；6—公共接地插座；7—测量电流插座

表 1－6 汽车专用数字式万用表主要技术参数

主要功能	技术参数
直流电压	400 mV～400 V（±0.5%），1 000 V（±1%）
直流电流	400 mA（±1%），20 A（±2%）
交流电压	400 mV～400 V（±1.2%），750 V（±1.5%）
交流电流	400 mA（±1%），20 A（±2.5%）
电阻	400 Ω（±1%），4 kΩ～4 MΩ（±1%），400 MΩ（±2%）
频率	4 kHz～4 kHz（±0.05%），最小输入频率 10 Hz
音频	电路通、断音频信号测试
二极管的检测	—
温度的检测	18～300 ℃（±3 ℃），301～110 ℃（±3%）
转速	150～3999 r/min（±0.3%），4 000～10 000 r/min（±0.6%）
闭合角	（±0.5°）
频宽比	（±0.2%）

注：括号内为测量误差。

汽车专用数字式万用表一般测量与数字万用表相同，专用参数测量方法如下：

（1）信号频率检测

将功能选择开关转至频率挡（Freq）、公共接地插座（COM）的测试线搭铁，（V、Ω、Hz）插座的测试线接被测的信号线，此时在显示器上即可读取被测信号的频率。

（2）温度检测

将功能选择开关置于温度挡（Temp），把温度探针插入测量温度插座，按动测量温度选择钮℃/℉，再把温度探针接触被测物体的表面，显示器即显示出所测的温度。

（3）闭合角检测

将功能选择开关转至相应发动机气缸的闭合角测量位置（Dwell），公共接地插座（COM）的测试线搭铁，（V、Ω、Hz）插座的测试线接点火线圈负极“－”接柱，在发动机运转时显示器即能显示出点火线圈初级电流增长的时间（即导通角）。

（4）占空比检测

将功能选择开关转至占空比测量位置（Duty Cycle），公共接地插座（COM）的测试线搭铁，（V、Ω、Hz）插座的测试线接被测的信号线，显示器即显示出被测电路一个工作循环（周期）中脉冲信号所保持时间的相对百分数（即占空比）。

（5）转速的测量

将功能选择开关置于转速挡（RPM），将测量转速的专用插头插入公共接地插座（COM）和（V、Ω、Hz）插座，再将感应式转速传感器的夹子夹到某一缸的高压分线上，在发动机工作时显示器即显示出发动机的转速。

(6) 起动机起动电流的检测

将功能选择开关置于 400 mV 挡(1 mV 相当于 1 A),把霍尔效应式电流传感器的夹子夹在蓄电池的电源线上,按动“最小最大”按钮(Min/Max),拆除点火线并转动发动机曲轴 2 ~3 s,显示器即能显示出起动电流。

(7) 氧传感器的检测

首先拆下氧传感器线束,用一跨接线将此线束与氧传感器相接,然后将功能选择开关置于 4V 挡,按动“DC/AC”按钮并置于 DC 状态,再按“Min/Max”按钮,使 COM 插座的测试线搭铁、(V、Ω、Hz)插座的测试线与氧传感器的跨接线相连。让发动机运转至快怠速(约 2 000 r/min),此时氧传感器的工作温度可达 360℃以上。排气浓时,氧传感器的输出电压约为 0.8 V;排气稀时,输出电压在 0.1 ~0.2 V。

注意

当氧传感器的工作温度低于 360℃时,无电压信号输出。

(8) 喷油器喷油脉宽的测量

将功能选择开关转至占空比(Duty Cycle)位置,测量出喷油器喷油的占空比后,再将功能选择开关置于频率挡(Freq),测量出喷油器的工作频率。按照下列公式即可计算出喷油器喷油的脉冲宽度(即喷油时间):

喷油脉宽(s) = 占空比(%)/工作频率(Hz)

4. 线路与电路的基本概念

任何用电设备要使用电能,都必须用导线将电源与用电设备两者合理地连接起来,让电流形成回路,才能使电流在用电器中做功。电工学中将这种电流通过的路径称为电路。如图 1 – 5 所示照明电路,当开关闭合时,电路中有电流通过,灯亮,这种状态称为通路。

而一般的电路由导线构成,故又称为线路。汽车的全车线路是指用选定的导线和特定的方式将全车所有电器设备连接起来。能够真实反映这种连接的电路图称为汽车线路图,汽车线路图除反映电路的电工学性质外,还应有线路走向、线路颜色、线路直径、线路经过的插头标记等线路信息。如图 1 – 6 所示为别克凯越行李厢灯线路图。

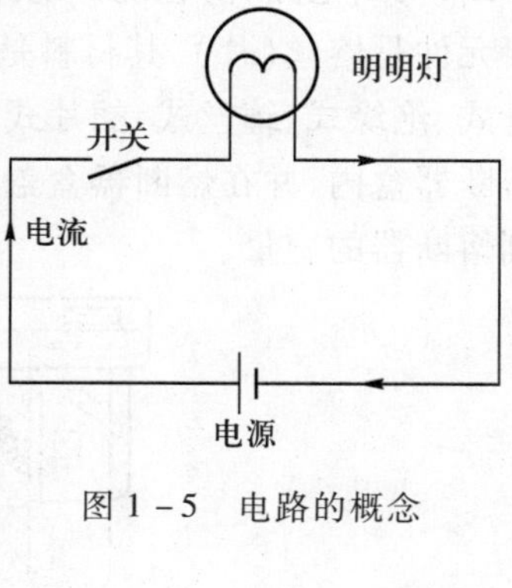

图 1 – 5　电路的概念

以上两个图在原理上完全一样,在汽车电路中前者称为汽车电路原理图(局部),后者称为汽车线路图(局部)。汽车线路图包含大量检修所需的信息,因此汽车线路图是汽车全车电器故障诊断维修最主要的依据之一。

5. 配电中心与汽车线路的认识

利用实习车辆和轿车全车线路实验台认识汽车线路的总体布局。

现代汽车电器种类繁多,导线数量异常庞大,为了使全车的导线走向合理,同时便于检测和维修,现代汽车都设置了配电中心也称为中央配线盒。配电中心与电源系统和用电设备之间的关系,如图 1－7 所示。

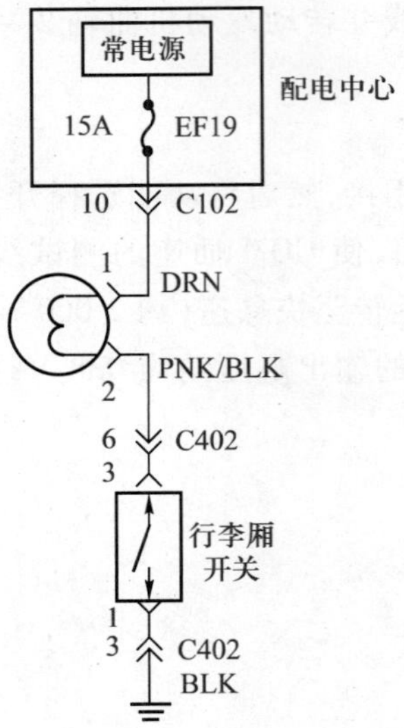

图 1－6 别克凯越行李厢灯线路图

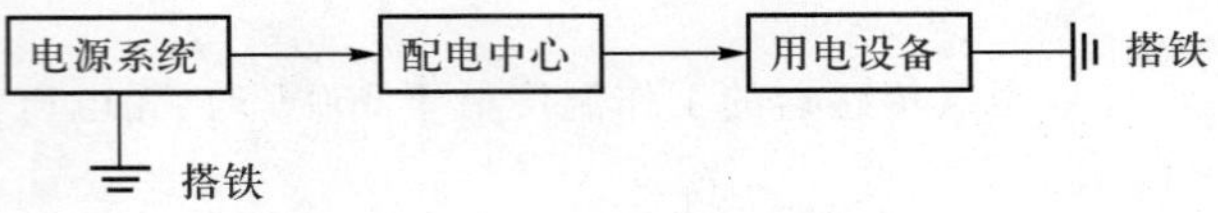

图 1－7 汽车全车线路总布局

电源系统将电源按照应用属性分配后,送至配电中心,电源属性一般分为常电源、大电流运行带电、起动及运行带电等。配电中心主要由电源电路、各类保险装置和各类继电器组成。汽车用电设备的正极(电源)均来自配电中心,负极通过导线在搭铁点搭铁(也可直接搭铁)。从配电中心到搭铁称为用电设备的回路,是汽车线路分析和检查的主要对象。

6. 保险装置的认识

汽车上的保险装置主要有熔断器、易熔线和断路器。

(1) 熔断器

熔断器在电路中起保护作用。当电路中流过超过规定的电流时,熔断器的熔丝自身发热而熔断,切断电路,防止烧坏电路连接导线和用电设备,并把故障限制在最小范围内。熔断器的主要元件是熔丝(片),其材料是锌、锡、铅、铜等金属的合金。常见熔断器按外形可分为熔片式、熔管式、绝缘式、缠丝式、插片式等,如图 1－8 所示。通常情况下,将很多熔断器组合在一起安装在熔断器盒内,并在熔断器盒盖上注明各熔断器的名称、额定容量和位置,同时用不同的颜色来区别熔断器的容量。

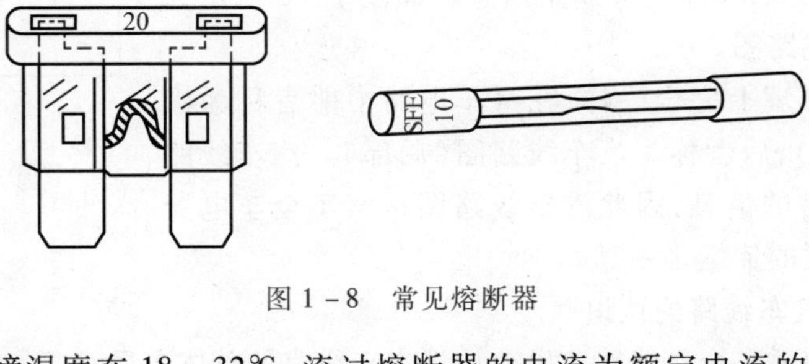

图 1－8 常见熔断器

一般情况下,环境温度在 18～32℃,流过熔断器的电流为额定电流的 1.1 倍时,熔丝不熔断;达到额定电流的 1.35 倍时,熔丝将在 60 s 以内熔断;达到额定电流的 1.5 倍时,20A 以内的熔丝将在 15 s 以内熔断,30A 的熔丝将在 30s 以内熔断。

熔断器在使用中应注意以下几点:

1) 熔断器熔断后,必须找到故障的真正原因,彻底排除故障。

2) 更换熔断器时,一定要与原规格相同;汽车上增加用电设备时,不要随意改用容量大的熔断器,最好另外再安装熔断器。

3) 熔断器支架与熔断器接触不良会产生电压降和发热现象,安装时要保证良好接触。

行驶途中熔断器熔断后的应急处理:可用其他电路相同或稍大容量的熔断器替代;如果其他电路也需要工作,可暂时采用细导线代替其他电路的熔断器。一旦到达目的地或有新熔断器时,应及时更换。

(2) 易熔线

易熔线是一种大容量的熔断器,用于保护电源电路和大电流电路。

注意

1) 绝对不允许换用比规定容量大的易熔线。

2) 易熔线熔断,可能是主要电路发生短路,因此必须仔细检查,彻底排除隐患。

3) 不能将易熔线和其他导线绞合在一起。

(3) 断路器

电路断路器通过断开电路和截断电流以防止导线和电子元件过热和可能因此造成的火灾,在电路中用于防止有害的过载(额外的电流)。电路断路器是机械装置,它利用两种不同金属(双金属)的热效应断开电路,如图 1-9 所示。如果额外的电流经过双金属臂,双金属臂弯曲,触点开路,阻止电流通过;当电路断路器冷却时,触点再次闭合,电路导通;当无电流时,双金属臂冷却而使电路重新闭合,电路断路器复位。

前照灯电路是应用电路断路器代替熔断器的一个极好的例证。前照灯电路中任何地方发生短路或接地都会引起额外的电流,并会因此断开电路。如果在夜晚突然失去前照灯往往会产生灾难性的后果,但电路断路器在断开电路后又会迅速闭合电路,从而既避免了电路过热,又可以至少保持部分前照灯能够工作。

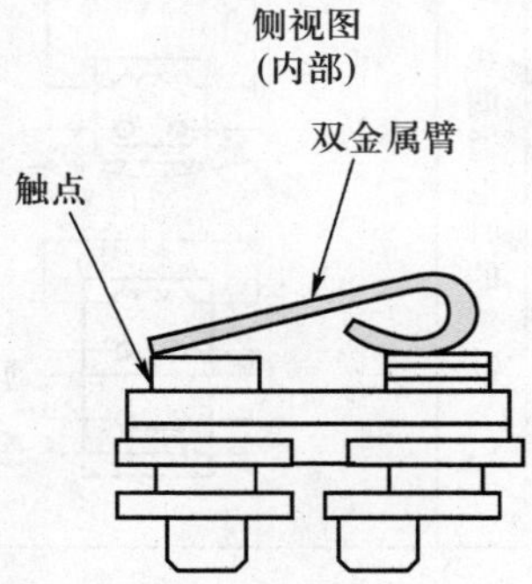

图 1-9 断路器示意图

7. 继电器的认识

继电器是利用电磁或机电原理及其他方法(如热电或电子)实现自动接通或切断一对或多对触点,以完成用小电流控制大电流的装置。在电路中设置继电器可以减小控制开关的电流负荷,减少烧蚀等现象的产生,从而保护电路中的控制开关。汽车中大量使用各种继电器,如进气预热继电器、空调继电器、喇叭继电器、雾灯继电器、中间继电器、风窗刮水器/清洗器继电器、危险报警与转向闪光继电器等。继电器电路符号如图 1-10 所示。继电器的每个插脚都有标号,与中央接线盒正面板的继电器插座的插孔标号相对应。

(a) 触点常闭的继电器　　(b) 触点常开的继电器

图 1－10　继电器的电路符号

汽车上的继电器有很多，常见的有三类：动合继电器、动断继电器和混合型继电器。这三类继电器的动作状态如图 1－11 所示。

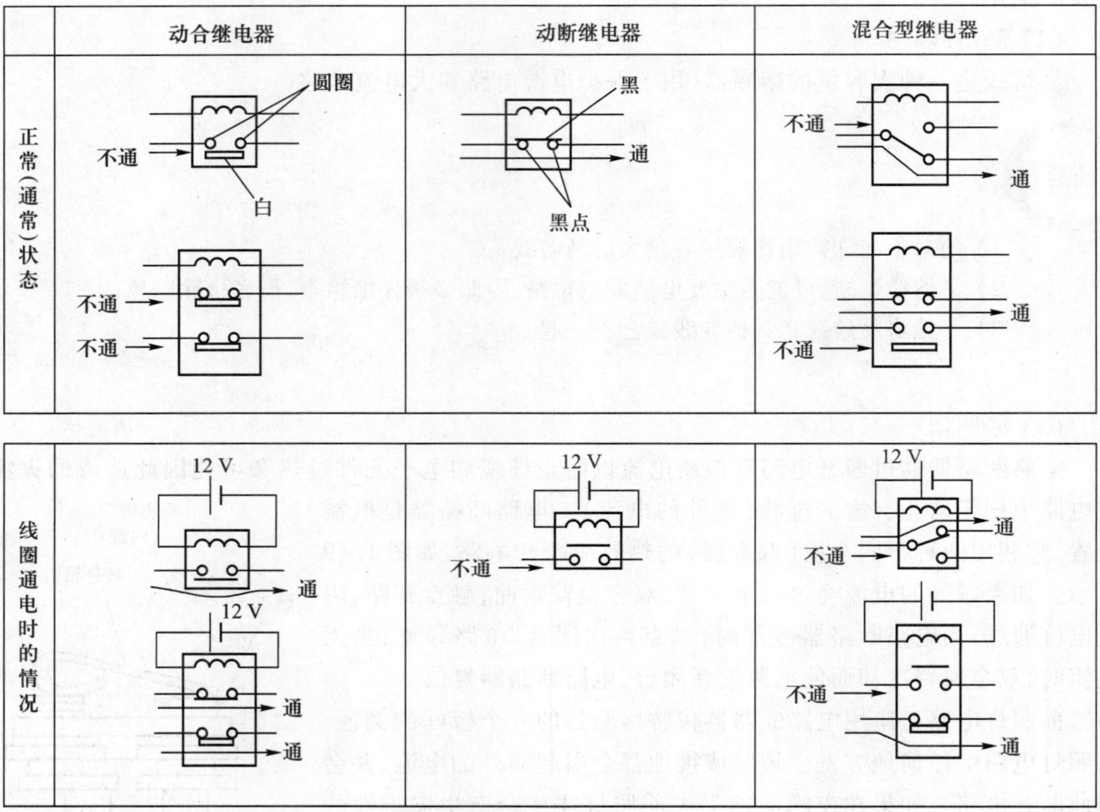

图 1－11　继电器的工作状态

动合继电器平时触点是断开的，继电器动作后触点才接通；动断继电器平时触点是闭合的，继电器动作后触点断开；混合型继电器平时动断触点接通，动合触点断开，如果继电器线圈通电，则变成相反状态。

8. 点火开关的认识与使用

开关在电路图中的表示方法有多种，常见的有结构图表示法、表格表示法和图形符号表示法等。

电路中点火开关的传统表示方法如图 1－12 所示。点火开关的功能主要有：锁住转向盘转轴（LOCK 挡），接通仪表指示灯（ON 或 IG 挡），起动发动机（ST 或 START 挡），给附件供电（ACC

挡，主要是收音机专用），给发动机预热（HEAT 挡）。其中起动、预热挡工作时消耗电流很大，开关不宜接通过久，所以这两个挡位在操作时必须用手克服弹簧力，扳住钥匙，一松手就会弹回点火挡，不能自行定位；其他各挡位均可自行定位。

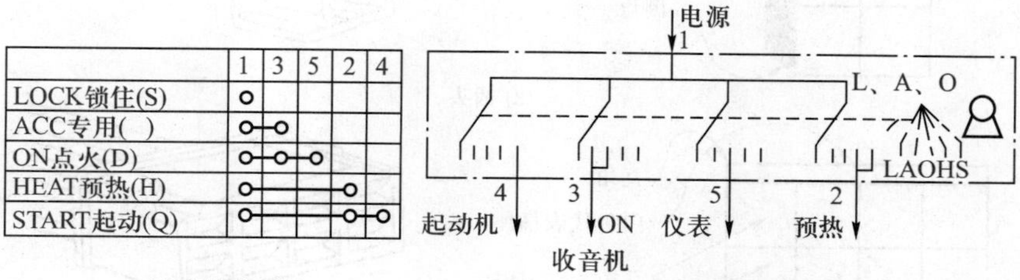

(a) 表格表示法　　(b) 图形符号表示法

图 1－12　点火开关的两种表示方法

提示

有的点火开关在发动机工作时具有防止误起动功能（如捷达、桑塔纳、奥迪等轿车）。

现代轿车点火开关的功能进行了一定的改进，如图 1－13 所示为大众车系轿车点火开关电路，30（30 号线，常带电）为点火开关来电，点火开关各触点连接情况是：

无钥匙时，点火开关 30 与 P 相通。

钥匙插入后，30 与 P、S 相通。

钥匙处于点火位置时，30 与 15、X、S 相通。

钥匙处于起动位置时，30 与 50、15、S 相通。

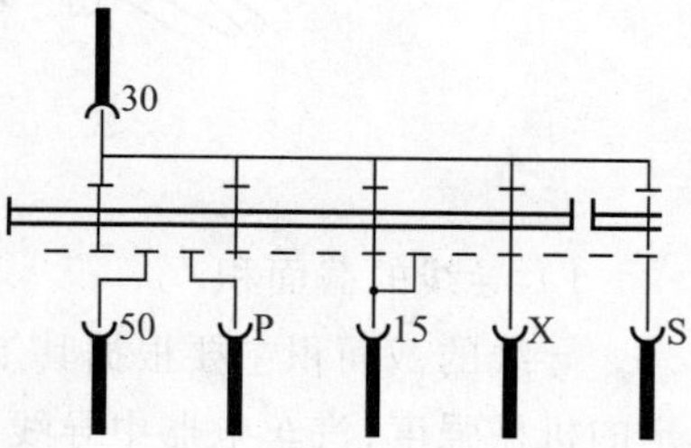

图 1－13　大众车系轿车点火开关电路

9. 插接器的认识与应用

插接器就是通常所说的插头和插座，用于线束与线束或导线与导线间的相互连接。为了防止插接器在汽车行驶中脱开，所有的插接器均采用了闭锁装置。下面以日系汽车使用的插接器为例介绍其相关知识。

（1）插接器的识别方法

插接器的符号和实物对照如图 1－14 所示。符号涂黑的表示插头，白色的表示插座，带有倒角的表示是针式插头。

（2）插接器的断开方法

断开插接器时，首先要解除闭锁，如图 1－15 所示。然后把插接器拉开，不允许在未解除闭锁的情况下用力拉导线，这样会损坏闭锁装置或连接导线。有些插接器用钢丝扣锁止，取下钢丝扣后才能将插接器拔开。

10. 导线的认识

汽车用导线有高压导线和低压导线两种，二者均采用铜质多芯软线。

（1）低压导线

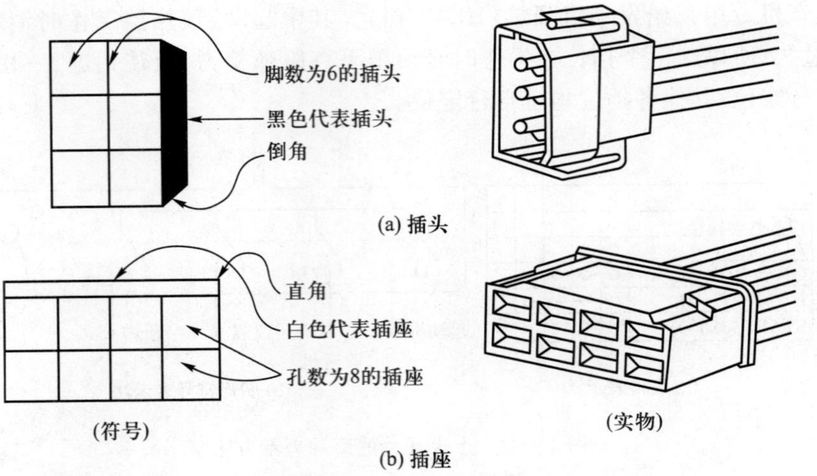

图 1 - 14 插接器的符号和实物

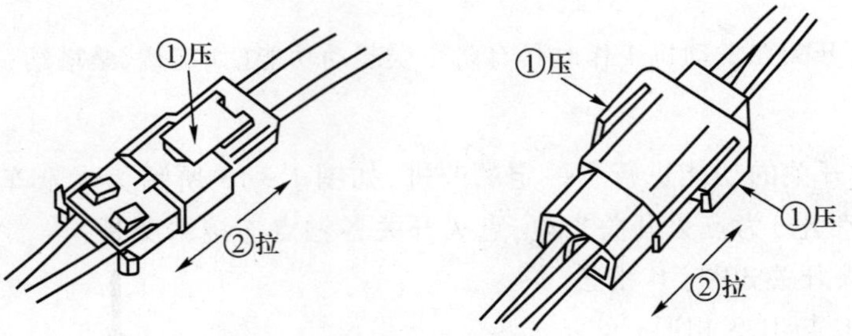

图 1 - 15 解除插接器闭锁的方法

1）导线的截面积

导线的截面积主要根据其工作电流选择，但是对于一些工作电流较小的电器，为保证具有一定的机械强度，汽车电器中导线截面积不得小于 0.5 mm^2。各种低压导线标称截面积所允许的负载电流见表 1 - 7。

表 1 - 7 低压导线标称截面积允许负载电流

导线标称截面积/mm^2	1.0	1.5	2.5	3.0	4.0	6.0	10	13
允许电流值/A	11	14	20	22	25	35	50	

2）导线颜色

各国汽车厂商在电路图上多以字母（主要是英文字母）来表示导线外皮的颜色及其条纹的颜色。日本常用单个字母表示，个别用双字母，其中后一位是小写字母；我国的标准大体上与日本的相同。美国常用 2 ~ 3 个字母表示一种颜色，如果导线上有条纹，则要书写较多字母。德国汽车导线颜色代号，各厂商甚至各牌号不尽一致。双色线的标注第一色为主色，第二色为辅助色。导线的颜色是查找线路的重要标志。

3）线束

汽车用低压导线除蓄电池导线外，都用绝缘材料如薄聚氯乙烯带缠绕包扎成束，避免水、油的侵蚀及磨损。在线束布线过程中不许拉得太紧，线束穿过洞口或绕过锐角处都应有套管保护。

线束位置确定后，应用卡簧或绊钉固定，以免松动损坏。

（2）高压导线

在汽车点火线圈至火花塞之间的电路使用高压点火线，简称高压线。它分为普通铜芯高压线及高压阻尼点火线。带阻尼的高压线可抑制和衰减点火系统产生的高频电磁波，降低对无线电设备及电控装置的干扰。

第三部分　实 训 操 作

1. 接受任务

在汽修厂或生产性实习基地，熟悉修理工作环境，接受本项目工作任务，填写检修任务单（表1－8）。

表1－8　检修任务单

任务组长		任务描述			
车牌号		VIN No.			
客户 ID		客户姓名			
邮政编码		地址			
电话1		电话2			
车型		SFX		外观颜色	
上次行驶里程		入厂规定			
委托事项		维修内容		必要零件	

注：VIN No. ——车辆身份号
　SFX——车辆类型号

2. 汽车电子元器件的测量

学生分别使用万用表等测量汽车常用电子元器件，将测量结果填入表中，并进行分析。

（1）蓄电池电压测量

在实习车辆上进行蓄电池电压的测量。将测量数据填入表1－9中。

（2）常用汽车电子元器件的测量

学生分别使用指针式和数字式万用表测量点火线圈、喇叭、灯泡、发电机励磁线圈等汽车电子元器件，将测量结果填入表1－10，并进行分析。

表 1-9　蓄电池电压测量记录

测量方法	测量对象	标准值	测量值	测量挡位	结论
指针式万用表	发电机电压（蓄电池充电电压）				
	蓄电池开路电压				
	蓄电池放电电压（起动状态）				
数字式万用表	发电机电压（蓄电池充电电压）				
	蓄电池开路电压				
	蓄电池放电电压（起动状态）				

表 1-10　元器件测量记录

元件名称	标准值	测量值	测量挡位	结论

3. 整车电器与线路认识

观察实习用轿车，分析电器与线束特点，查找中央配线盒（熔断器盒和电器盒）。如图 1-16 所示为大众速腾熔断器盒和电器盒位置，其他车辆大致相同。

图 1-16　大众速腾熔断器盒和电器盒位置

注:带有 CAN 总线的轿车一般中央配线盒由电脑控制,称为“中央电器系统模块”。

填写整车电器与线路认识信息确认表(表 1 - 11)。

表 1 - 11　整车电器与线路认识信息确认表

轿车线束	轿车仪表	配电中心	发电机	起动机
蓄电池	灯光	喇叭	点火开关	灯光开关

4. 实车操作及检查

进行实车操作,并将操作情况填入实车操作任务确认表(表 1 - 12)。

表 1 - 12　实车操作任务确认表

蓄电池安装	起动机工作	充电指示灯情况	燃油表情况	水温表情况
大灯情况	转向灯情况	小灯情况	喇叭情况	雨刷情况

5. 汽车电路识图及线路检查

思考

如图 1 - 17 所示,熟悉捷达电源线路图,指出 1、2、3、4 各代表什么,并在实验台或实车上找到。

进行实验台或实车线路检查,填写实车线路检查识别表(表 1 - 13)。

表 1 - 13　实车线路检查识别表

蓄电池与发电机之间所有连线颜色、截面积	蓄电池电压	中央配线盒电源线颜色、截面积	中央配线盒搭铁线颜色、截面积	喇叭插头线颜色、截面积

6. 任务完成情况评估

任务实施结果	
自我评估	
组长评估	
指导教师评估	

7. 任务完成情况总结

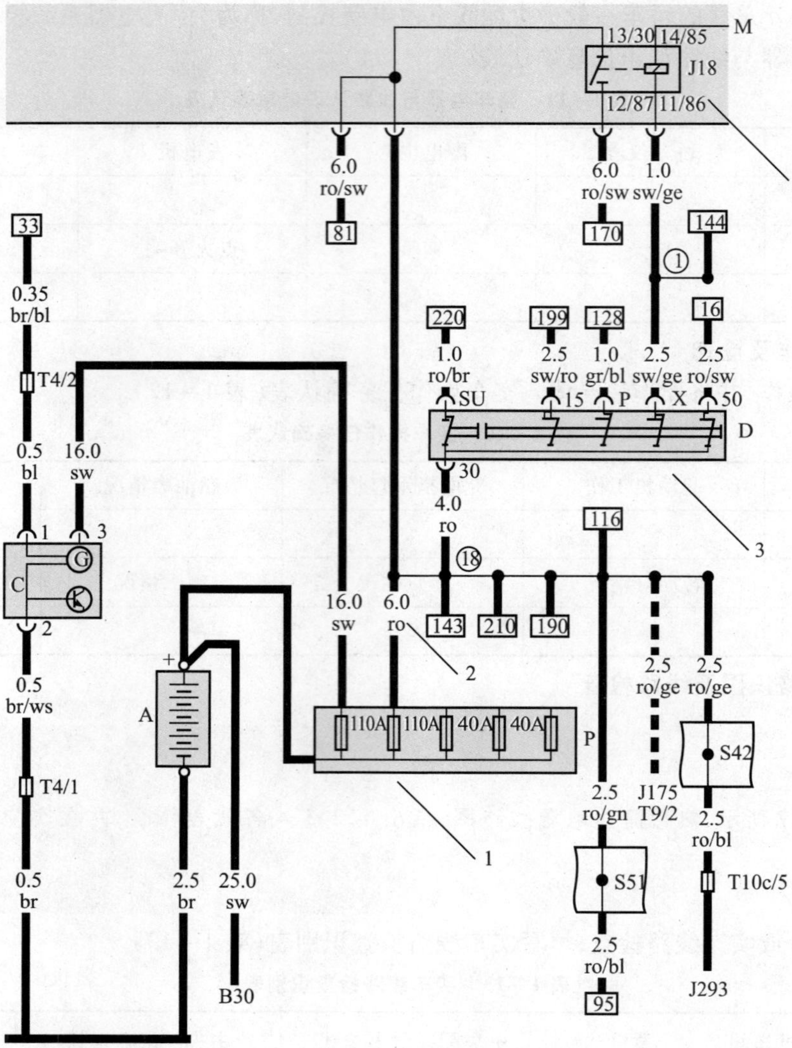

图 1－17 捷达电源线路图

项目三

轿车全车无电故障诊断与维修

第一部分　实 训 组 织

一、实训目的与要求

1. 能够利用汽车线路图查找电源系电路。
2. 能够检查中央配线盒的插脚电压。
3. 能够排除轿车全车无电故障。

二、安全与环保教育

1. 实习轿车使用前的安全教育,特别是防止发生人身伤害事故。
2. 按照规范操作实习车辆和电器实验台,以防教学设备被损坏。

三、实训设备及工具

1. 实训用捷达轿车一辆。
2. 实训用全车线路实验台。
3. 万用表、汽车电工工具。

四、实训步骤与方式

项目	学时分配	教学方式(建议)
课前准备	课余	预习教材,查阅资料。
教师讲授	1 学时	汽车电源系电路,汽车主要电器的线路图表示方法(大众车系)。
实训操作	3 学时	利用实车和捷达全车线路实验台认识汽车主要电器,并与全车线路图对应。利用实车了解汽车电器系统的应用。对捷达轿车电源系电路进行检修

第二部分 实训内容

对于现代轿车出现故障的汽车电器元器件一般都进行更换，因此汽车电器与电路的故障诊断是汽车电器系统检修的核心内容。

1. 汽车电器与电路故障诊断思路

在进行汽车电路检修前，必须熟读该车的维修手册，识读该车的全车线路图，了解其结构，应用合理的检修程序，并使用合适的工具，才能收到事半功倍的效果。

汽车电器电路出现故障时，一般先要搞清楚故障的症状以及伴随出现的现象，判明故障所在的局部电路，然后再对该局部电路进行检验，查明故障所在部位，予以排除。故障诊断流程如下：

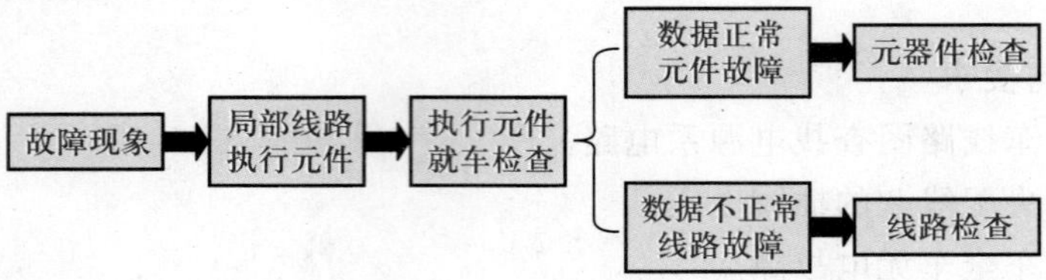

如喇叭不响，先由故障现象确定执行元件“喇叭”，然后对执行元件（喇叭）进行就车检查。就车检查是指在工作状态下对电器元件的电压、电流、波形及占空比等参数进行检测，一般以检查工作电压为主（推荐使用汽车专用万用表检查，尽量不使用试灯检查）。当检查数据正常（如喇叭工作电压为12V），则为喇叭（元器件）故障，此时应拔下插头对喇叭进行检查确认（检查喇叭电阻或直接通电检查）。如果检查数据不正常（如喇叭工作电压为0V），则为线路故障或线路中其他元器件故障（如喇叭开关、熔断器、继电器等），应进行线路检查。

线路检查应首先检查熔断器和继电器，如不能排除，则必须在中央配线盒检查该线路各点电压是否正常，判断在何处出现断路、短路或接触不良等故障，然后再进行故障排除。不可主观臆断和凭经验处理，盲目拆卸开关、插头等。

当出现多个系统故障时，如同时出现所有转向灯不亮、仪表不工作和发动机不能起动。可以按照单一故障，从易到难一一进行解决，一般不需要进行综合分析。对于以上故障可以先对所有转向指示灯不亮进行故障诊断，经电路检查为点火开关插头有烧蚀，无15号线输出，更换或修理插头后三个故障全部被排除。如果其他故障没有被排除，则需一一进行排除。

在检修故障时，应根据故障发生范围，先检查故障率较高且容易检查的部件，然后再检查故障率较低的、不易检查的部件。只有当某部件的故障已经确诊，必须打开进行修理时，方可进行拆卸。要尽量做到不拆或少拆零件，以减少不必要的麻烦。检修故障还要采用正确的检查方法和测试手段，以提高检修故障的速度。

电路故障的产生原因是多种多样的，如元件老化、自然磨损、调整不当、环境腐蚀、机械摩擦、导线短路或断路等。电路出现故障时，要针对故障现象确定故障的局部电路，对故障按照检修程序进行检查，当检查数据与标准值不符合时，通过分析确定故障部位，切忌在情况不明，不经过检查、不加思考分析而盲目拆卸，乱接瞎碰。否则不仅会延误检修，而且还会造成不必要的损坏。

2. 捷达轿车电源系电路原理

捷达轿车电源系由整体式发电机（内置电压调节器）、蓄电池及充电指示灯组成，如图 1－18 所示，工作原理如下。

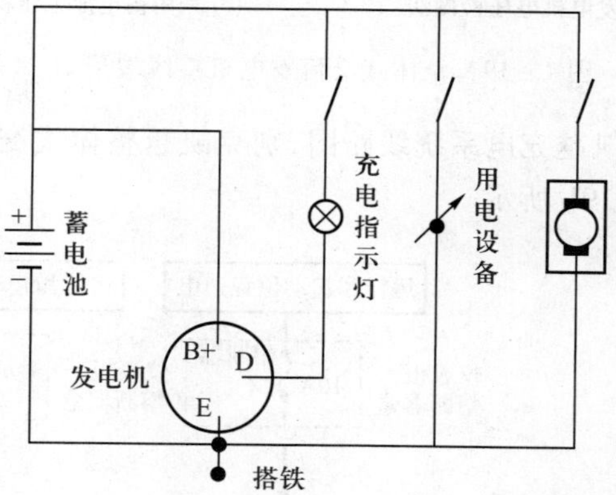

图 1－18　汽车电源系统的组成

1）当发动机未运转时，蓄电池给用电设备（主要是起动机）提供所需的全部电能，蓄电池额定电压为 12V，此时电流经蓄电池正级→用电设备和起动机→搭铁，形成回路；同时经蓄电池 +→点火开关→充电指示灯→发电机励磁端子“D”——发电机内接励磁绕组和调节器→搭铁，形成回路，充电指示灯亮。

2）当发动机运转时，发电机也运转并发电，发电机给全部用电设备提供所需的电能，同时给蓄电池充电，发电机电压为 14V。由于“B +”端子和“D”端子输出电压均为 + 14V，充电指示灯灭。

3）当发动机怠速时，由于速度较低，发电机的发电量可能不能满足全车用电设备用电，此时应提高发动机的怠速转速（发动机怠速控制），满足全车用电设备用电，必要时关掉高耗能用电设备。在发动机工作时现代轿车一般不允许蓄电池向用电设备供电（瞬间过载除外），以免下次起动时，蓄电池不能提供足够的电能，造成起动困难。

4）发动机运转而发电机不能正常供电时，充电指示灯亮，表示发电机出现故障，应及时修理。此时蓄电池可以暂时给全车供电（最多可行驶十几公里），保证汽车能够迅速进入修理厂修理。

3. 发电机输出端子的认识

现代轿车一般均采用整体式交流发电机，整体式交流发电机的输出端子主要有两种，一种是采用发电机电压检测法的整体式交流发电机，如图 1－19 所示，输出端子有“B”和“L”（或“D”），另一种是采用蓄电池电压检测法的整体式交流发电机，输出端子有“B”、“S”和“L”。

捷达、桑塔纳和富康等轿车采用发电机电压检测法，发电机端子如图 1－19a 所示。

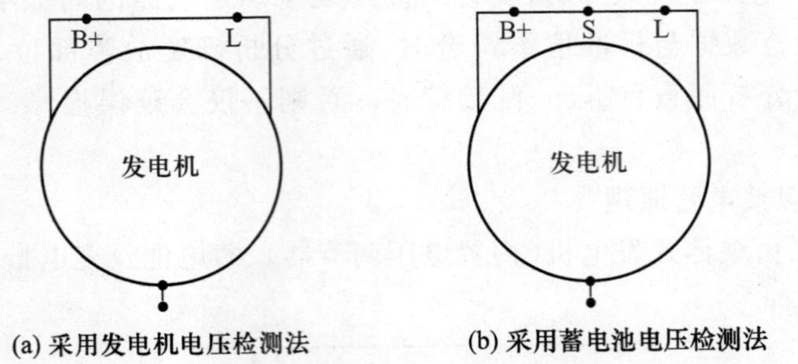

图 1－19 整体式交流发电机接线端子图

如图 1－20 所示为别克凯越充电系统线路图，别克凯越整体式交流发电机采用蓄电池电压检测法，发电机端子如图 1－19b 所示。

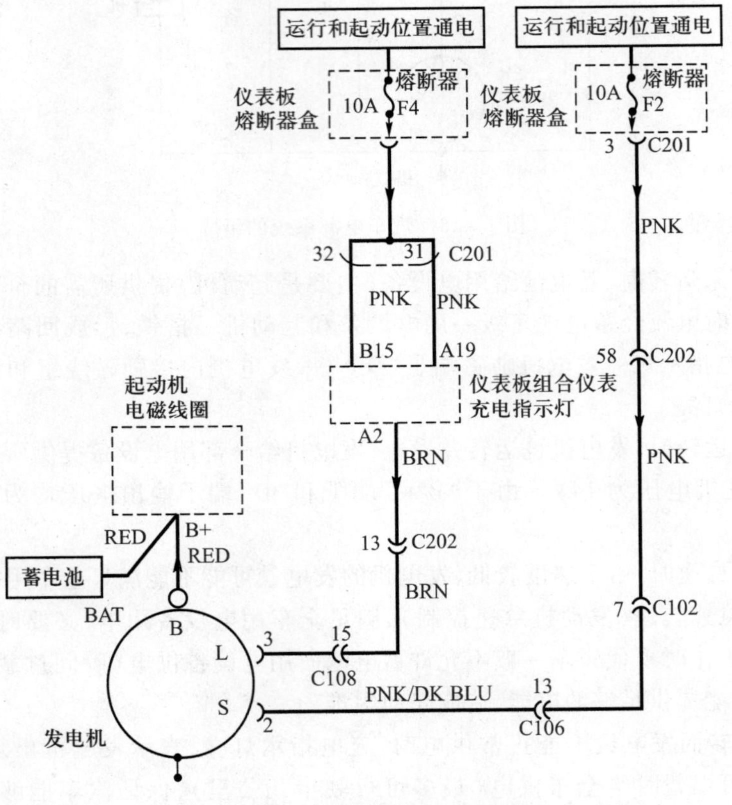

图 1－20 别克凯越充电系统线路图

注：B 端子——发电机输出端，供全车用电设备用电；

L（或 D）端子——励磁端子，发电机内接励磁绕组，发电机外接充电指示灯；

S 端子——电压检测端子，检测蓄电池或配电中心电压，控制电压调节器。

4. 蓄电池实车电压的检查

（1）蓄电池开路电压检查

关掉点火开关，直接测量蓄电池两端电压，应在 12～13 V 之间（额定电压 12 V）。

现代轿车蓄电池和发电机的外观如图 1－21 所示。

(a) 蓄电池　(b) 发电机

图 1－21　蓄电池与发电机

（2）蓄电池放电电压检查

用万用表直接检查蓄电池起动时的放电电压，可以判断蓄电池的放电程度。用万用表测量蓄电池两端电压（或汽车线路电压），起动发动机，观察起动瞬间万用表的读数。如果高于 10 V，表示放电程度符合要求。如果电压在 7～10 V 之间表示蓄电池放电过度（亏电），可能影响正常起动，须及时补充充电。如果电压在 7 V 以下，表示蓄电池已经损坏，需要更换或维修。有些车辆如切诺基，带有电压表可以随时判断蓄电池的工作状况。

用高率放电计测量放电电压，高率放电计模拟接入起动机负荷，测量蓄电池在接近起动机起动电流放电时的端电压，也可以判断蓄电池的放电程度和起动能力。

注意

有时起动时放电电压过低是由于蓄电池或起动机接线柱松动和锈蚀，应及时排除，否则影响电源系统的正常工作。

此外，停车时根据喇叭的声音和大灯的亮度，大概可判断蓄电池的状态。

（3）蓄电池充电电压检查

起动发动机，用万用表检查捷达轿车蓄电池两端电压，此时电压应为发电机电压（或称为蓄电池的充电电压），额定电压为 14 V，捷达等大多数轿车电压应在 13.8～15.5 V 范围内。

5. 蓄电池的更换

对于发动机冷起动困难，放电电压低于 7 V，或使用时间超过 2 年的蓄电池，一般应予以更换。

如图 1－22 所示，观察实训用轿车，认识并分析蓄电池及总熔断器的结构，拆下旧蓄电池，更换新蓄电池。

断开蓄电池负极（－）电缆之前，先对 ECU 等元件内保存的信息作一个记录。如：DTC（故障诊断码）、选择的收音机频道、座椅位置（带有记忆系统）、方向盘位置（带有记忆系统）等。

安装蓄电池时，应注意必须拧紧蓄电池卡子，否则会造成发动机不能起动等故障。

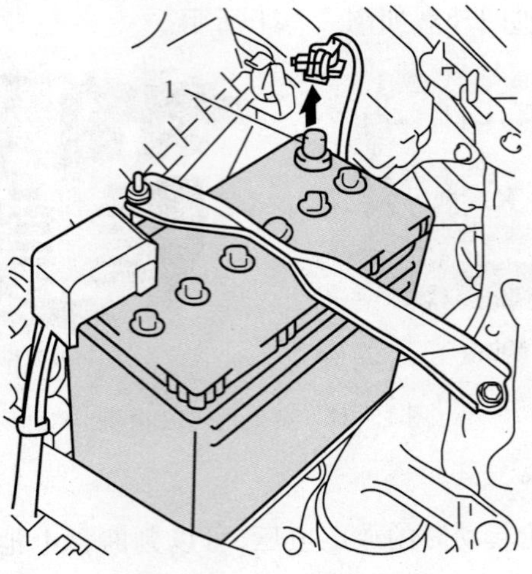

图 1-22 蓄电池的安装

1—蓄电池负极端子

第三部分 实训操作

1. 接受任务

在汽修厂或生产性实习基地，熟悉修理工作环境，接受本项目工作任务，填写检修任务单（表 1-14）。

表 1-14 检修任务单

任务组长		任务描述			
车牌号		VIN No.			
客户 ID		客户姓名			
邮政编码		地址			
电话 1		电话 2			
车型		SFX		外观颜色	
上次行驶里程		入厂规定			
委托事项		维修内容		必要零件	

2. 轿车全车无电故障诊断

检查实训汽车，明确故障现象，决策全车无电故障诊断方案。

（1）写出全车无电检修计划

（2）记录检查情况和检测数据并分析

注意

决策方案是指故障整体处理方案的选择，如是否进行电器检查，是否在机修车间进行，需要何种维修条件，是否更换主要元器件等。

维修计划是指详细的可执行的操作计划，维修过程中要坚持先分析并做好计划，然后再操作的方法，避免盲目地走一步算一步的修理方法。

表1－15为电源系工作情况检查记录表。

表1－15　电源系工作情况检查记录表

	蓄电池	发电机	充电指示灯	总熔断器	结论
是否认识外部结构					

（3）电源系的测量

学生分别使用万用表或放电计测量蓄电池开路电压、蓄电池放电电压、发电机电压、充电指示灯工作情况，将测量结果填入表1－16，并进行分析。

表1－16　电源系测量记录表

测量项目	标准值	测量值	测量工具、挡位	结论
蓄电池开路电压				
蓄电池放电电压				
发电机电压				
充电指示灯工作				

3. 蓄电池的安装与更换

检查实训汽车，制订蓄电池检修或更换方案。

（1）制订蓄电池检修计划

（2）记录操作步骤

4. 任务完成情况评估

任务实施结果	
自我评估	
组长评估	
指导教师评估	

5. 任务完成情况总结

第二单元

汽车电源系统故障检修

项目一

汽车发电机的拆卸与检查

第一部分　实 训 组 织

一、实训目的与要求

1. 能够进行丰田发电机的解体。
2. 能够进行丰田发电机的测量。
3. 能够进行丰田发电机的检修。

二、安全与环保教育

1. 实训轿车使用前的安全教育,特别是防止发生人身伤害事故。
2. 按照规范操作实习车辆和电器实验台,以防教学设备被损坏。

三、实训设备及工具

1. 实训用丰田轿车一辆。
2. 丰田发电机若干。
3. 万用表、汽车电工工具。

四、实训步骤与方式

项目	学时分配	教学方式(建议)
课前准备	课余	预习教材,查阅资料。
教师讲授	2 学时	发电机的原理,发电机的构造。
实训操作	6 学时	发电机解体,发电机检修。

第二部分　实 训 内 容

各种类型汽车发电机各有特点,分解方法各不相同,下面以丰田系列轿车发电机为例,说明分解步骤与方法。

1. 从汽车上拆卸发电机

当确认发电机出现故障时,应将发电机从汽车上拆下,从汽车上拆卸发电机的方法如图 2-1 所示。步骤如下:

(1) 脱开蓄电池负极(-)端子电缆

断开蓄电池负极(-)端子电缆之前,先对 ECU 等元件内保存的信息作一个记录。如:DTC(故障诊断码)、选择的收音机频道、座椅位置(带有记忆系统)及方向盘位置(带有记忆系统)等。

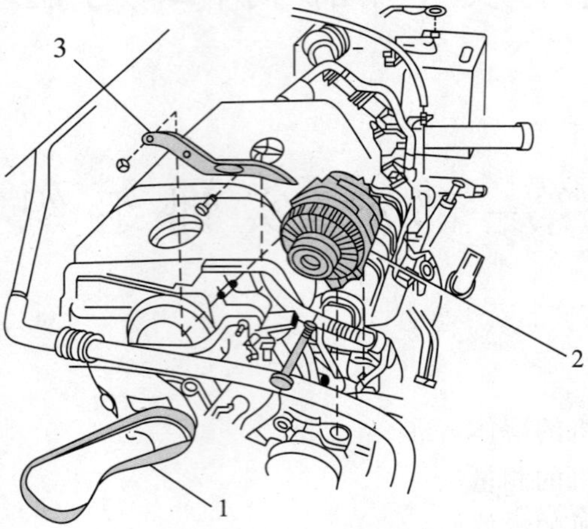

图 2-1 从汽车上拆卸发电机的方法

1—传动皮带; 2—发电机; 3—支架

(2) 脱开发电机电缆和连接器

(3) 拆卸发电机

1) 拧松发电机安装螺栓,然后拆卸传动皮带。

注意

若拉动传动皮带来移动发电机,将损坏皮带。

2) 拆卸所有的发电机安装螺栓,然后拆卸发电机。

由于发电机的安装零件带有用于定位的轴套(图 2-2),所以连接比较紧密,可通过上下摇动发电机来进行拆卸。

2. 发电机的解体

以丰田车系发电机为例,发电机的解体步骤为:首先从发电机上拆下皮带轮,然后分解转子、整流器和励磁线圈。

(1) 拆卸发电机皮带轮

使用专用工具和台钳拆卸发电机皮带轮,如图 2-3 所示。将发电机转子轴扳手 SST1-A(专用工具)顺时针旋转来拧松皮带轮锁止螺母。

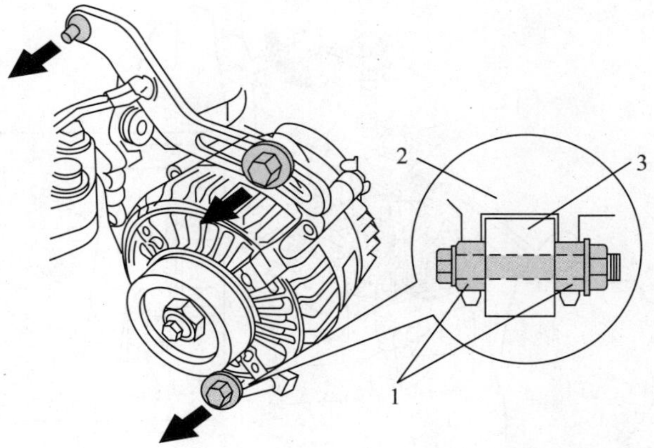

图 2－2　发电机的安装零件

1—轴套；2—发电机；3—托架（发电机一侧）

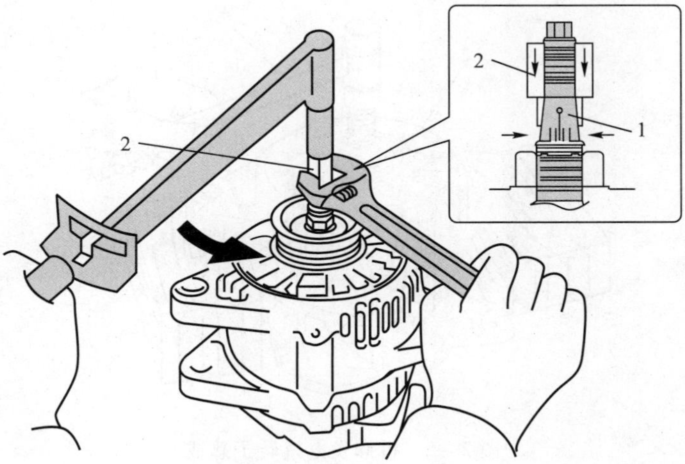

图 2－3　拆卸发电机皮带轮

1—SST1－A（发电机转子轴扳手－A）；2—SST1－B（发电机转子轴扳手－B）

（2）拆卸发电机转子总成

由于端机座和转子轴承是结合在一起的，因此需要专用工具来拆卸。

1）拆卸整流器端盖。使用卡爪来拆卸整流器端盖，如图 2－4 所示。

2）拆卸发电机转子总成。通过用锤敲打，从主动机座一端拆卸转子，如图 2－5 所示。

注意

用锤子敲时，转子会掉下来，所以事先应当在下面摊开一块布料。

在一般情况下，分解到此即可进行检测。不必分解传动皮带轮、风扇和前端盖等部件。发电机分解后，应用压缩空气吹净内部灰尘，并用汽油清洗各部油污（绕组、电刷组件除外），然后再进行检修。

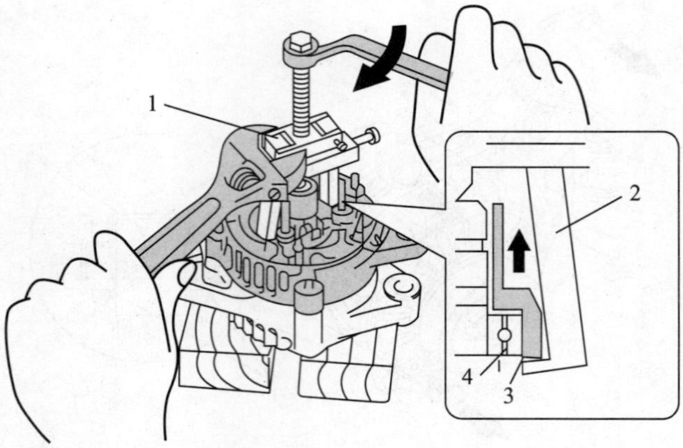

图 2-4 拆卸整流器端盖

1—SST(喷油泵花键轴拉具);2—SST 的卡爪;3—端机座;4—转子轴承

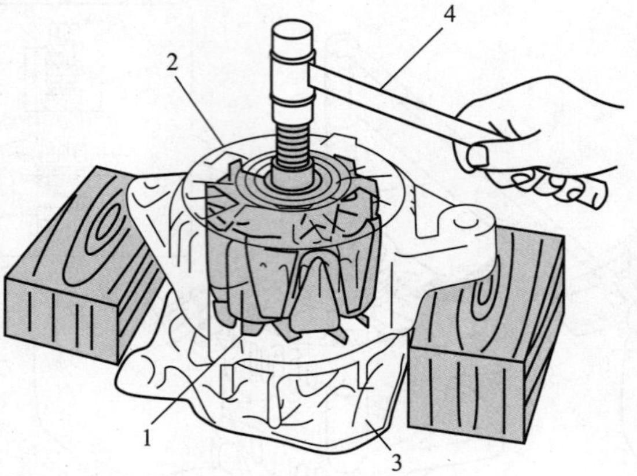

图 2-5 拆卸发电机转子总成

1—转子;2—驱动端盖;3—布料;4—锤

3. 发电机的检查

(1) 检查发电机转子(励磁绕组)总成

1) 目视检查。目视检查滑环变脏或烧蚀的程度,如图 2-6 所示。电流产生的火花会产生脏污和烧蚀,使发电机的性能降低。

2) 清洁。用布料和毛刷清洁滑环和转子。如果脏污和烧蚀明显,应更换转子总成。

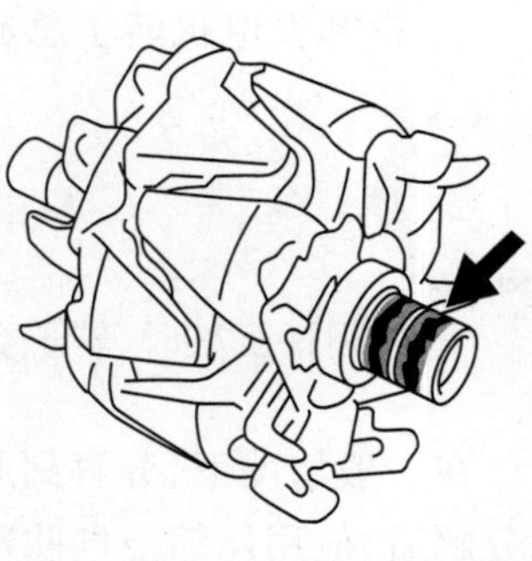

图 2-6 目视检查滑环

3) 检查滑环之间是否导通。使用万用表的电阻挡,检查滑环之间是否导通,如图 2-7 所示。检查滑环之间是否导通可以用于探测线圈内部是否开路。如果发现不导通,应更换转子。

4) 检查滑环和转子之间的绝缘。用万用表检查滑环和转子之间的绝缘,如图 2-8 所示。检查滑环和转子之间的绝缘可以用来检测线圈内是否存在短路。如果发现在绝缘方面存在问题,应更换转子。检查时应用数字万用表的最大挡位 20M 挡,数值为∞,

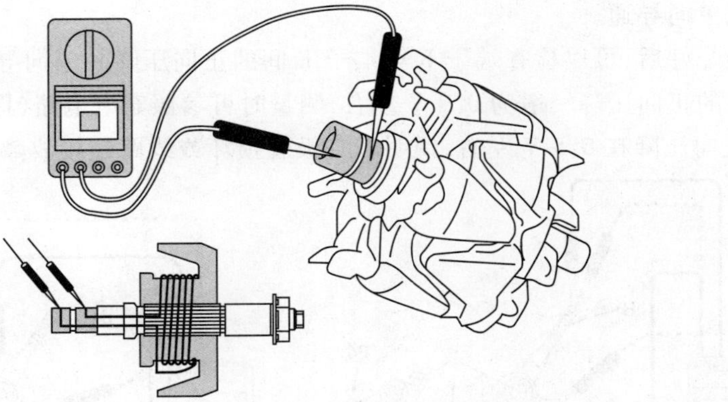

图 2-7　检查滑环之间是否导通

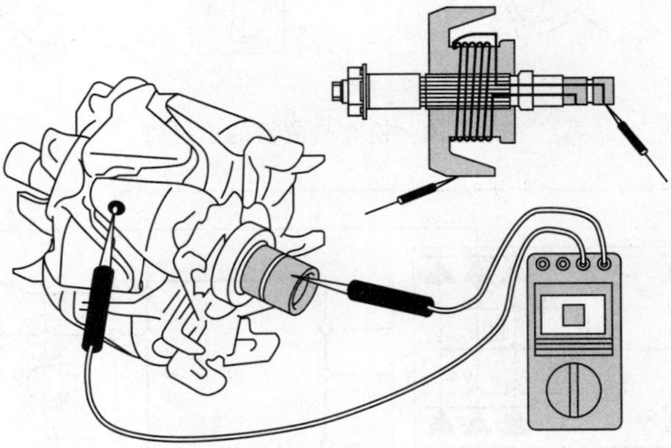

图 2-8　检查滑环和转子之间的绝缘

否则为绝缘不良，应予以更换。

5）测量滑环。用游标卡尺测量滑环的外径，如图 2-9 所示。如果测量值超过规定的磨损极限，应更换转子。

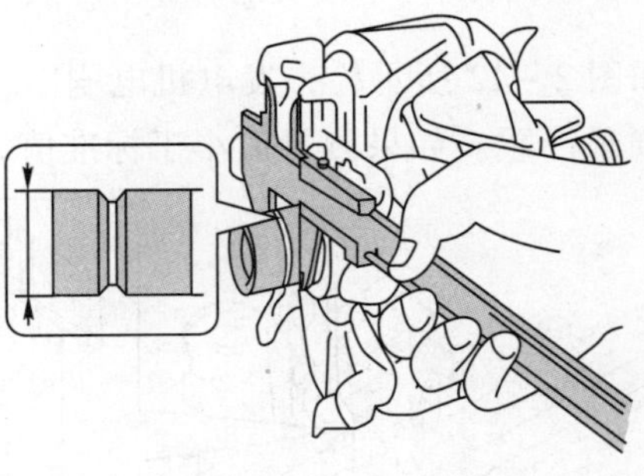

图 2-9　测量滑环

（2）检查带整流器的发电机座

1）检查整流器的二极管。如图 2-10 所示，使用数字万用表的二极管测试模式，在整流器的端子 B 和端子 P1 到 P4 之间测量，测量单个二极管的正向导通电压，一般为 0.5 V。若为 0 或小于 0.45 V，则二极管损坏或老化，应予更换。也可使用指针式万用表检查二极管的单向导通，检查是否只能单向导通。

发电机装配好后，可以检查端子 B 至端子 E 间的正向压降和单向导通，测量过程同上，端子 B 至端子 E 间的正向压降一般为 0.9 V 左右，测量时可参照充电电路（图 2－11），如果端子 B 至端子 E 间的正向压降在 0.5 V 左右，说明有二极管损坏或线路连接故障（短路或断路）。

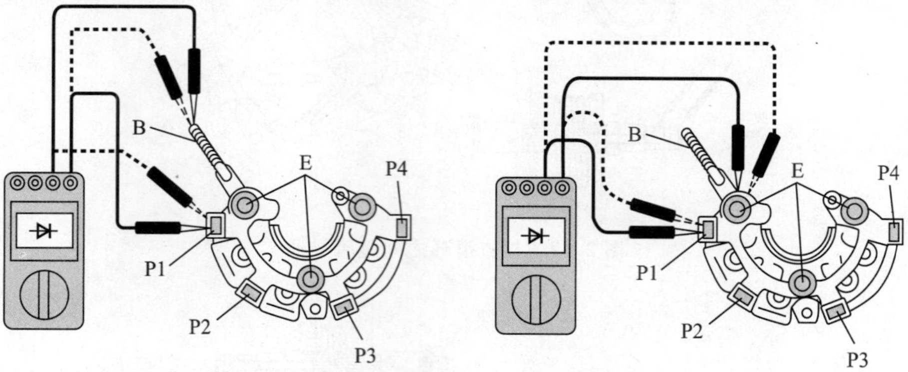

图 2－10 检查整流器的二极管

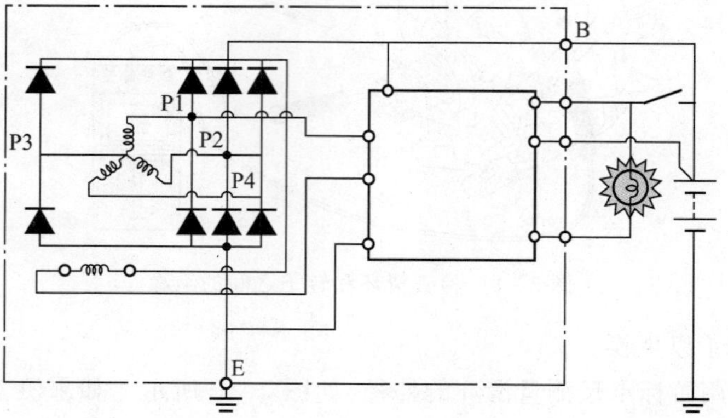

图 2－11 充电电路

2）检查发电机电刷座。如图 2－12 所示检查发电机电刷座，用游标卡尺在电刷的中部测量电刷的长度，因为这个地方磨损最严重。如果测量值小于标准值，应将电刷和电刷座一起更换。

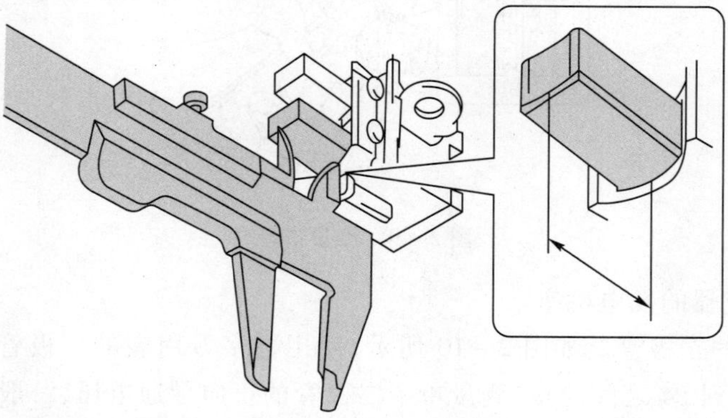

图 2－12 检查发电机电刷座

(3) 电枢(定子)绕组的检修

定子绕组的故障有短路、断路和搭铁三种。因为定子绕组的电阻很小,一般仅为 200 ~ 800 mΩ,所以测量电阻难以检测有无短路故障。定子绕组有无短路,最好是在发电机分解之前或装配之后,通过试验检测其输出功率进行判断。

检测定子绕组断路故障的方法如图 2 - 13a 所示。检测时,将指针式万用表拨到 R ×1 挡(数字式万用表拨到 ×200 挡),两只表笔分别接定子绕组的两个引出端子进行检测。如万用表均导通说明定子绕组良好,如不导通(即阻值为无穷大)说明定子绕组断路,应予修理或更换。

用万用表检查定子绕组的绝缘,如图 2 - 13b 所示。检查定子绕组的绝缘可以用来检测线圈内是否存在短路。如果发现在绝缘方面存在问题,应更换定子。检查时应用指针表最大挡或数字万用表的最大挡位 20M 挡,数值均为∞,否则为绝缘不良,应予以更换。

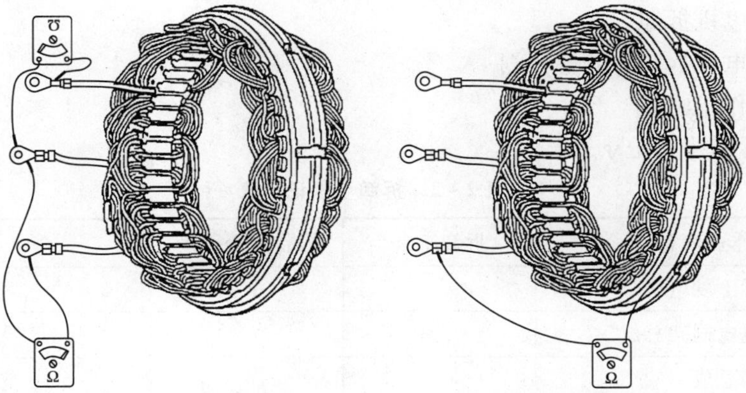

(a) 检测定子绕组电阻　　(b) 检测定子绕组搭铁

图 2 - 13　定子绕组的检测

第三部分　实 训 操 作

1. 接受任务

在汽修厂或生产性实习基地,熟悉修理工作环境,接受本项目工作任务,填写检修任务单(表 2 - 1)。

表 2 - 1　检修任务单

任务组长		任务描述	
车牌号		VIN No.	
客户 ID		客户姓名	
邮政编码		地址	
电话 1		电话 2	

续表

车型		SFX		外观颜色	
上次行驶里程		入厂规定			
委托事项		维修内容		必要零件	

2. 发电机的拆卸与分解

按照要求拆卸发电机。

(1) 决策发电机拆卸方案

(2) 制订发电机拆卸和分解计划

(3) 记录操作步骤

表2-2为拆卸步骤记录表。

表2-2 拆卸步骤记录表

序号	作业内容	拆卸工具	操作是否正确	备注
1	从汽车上拆下发电机			
2	拆卸发电机电刷架总成			
3	拆卸调节器总成			整体式有
4	拆卸整流器总成			部分型号后拆
5	拆卸皮带轮和风扇			
6	拆卸发电机转子总成			
7	拆卸后端盖和电枢			
8	将零部件依次排列			

3. 发电机零部件的测量

检查发电机各零部件,确定各部件检查方法。

(1) 决策发电机零部件检查方案

(2) 制订发电机零部件测量计划

(3) 检查记录并分析

表2-3所示为发电机零部件检查记录表。

表2-3 发电机零部件检查记录表

序号	作业内容	测量数据		标准数据		结论
1	检查励磁(转子)绕组(阻值和绝缘)					
2	检查电枢(定子)绕组(阻值和绝缘)					

续表

序号	作业内容	测量数据		标准数据		结论
3	整流二极管正向压降（所有整流二极管）					
	整流二极管正反向阻值（所有整流二极管）					
4	检查电刷					
5	检查前后轴承					
6	检查端盖					

4. 任务完成情况评估

任务实施结果	
自我评估	
组长评估	
指导教师评估	

5. 任务完成情况总结

项目二

发电机装配与就车试验

第一部分　实训组织

一、实训目的与要求

1. 能够进行丰田发电机的装配。
2. 能够进行丰田发电机的调整。
3. 能够进行丰田发电机的就车试验。

二、安全与环保教育

1. 实习轿车使用前的安全教育,特别是防止发生人身伤害事故。
2. 按照规范操作实习车辆和电器实验台,以防教学设备被损坏。

三、实训设备及工具

1. 实训用丰田轿车一辆。
2. 丰田发电机若干。
3. 万用表、汽车电工工具。

四、实训步骤与方式

项目	学时分配	教学方式(建议)
课前准备	课余	预习教材,查阅资料。
教师讲授	2 学时	发电机的检查,发电机的试验方法。
实训操作	6 学时	发电机装配,发电机试验。

第二部分 实训内容

1. 组装发电机

将发电机零部件检修或更换后，要重新组装发电机。重新组装发电机的步骤如下：

（1）安装发电机转子总成

将转子安装到驱动端盖，如图 2－14 所示。

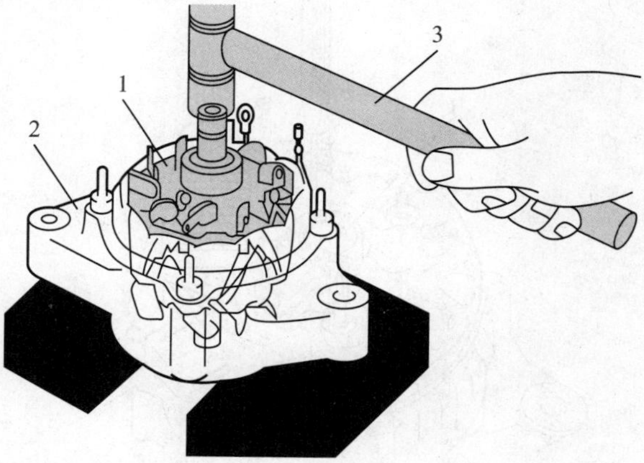

图 2－14 安装发电机转子总成

1—转子；2—驱动端盖；3—锤

（2）安装整流器

如图 2－15 所示，用压机将整流器端盖压到驱动端盖内。将 29 mm 套筒扳手放在端机座的中心，这样压机不会压到转子轴。套筒扳手的尺寸可能会随着发电机的类型不同而不同。

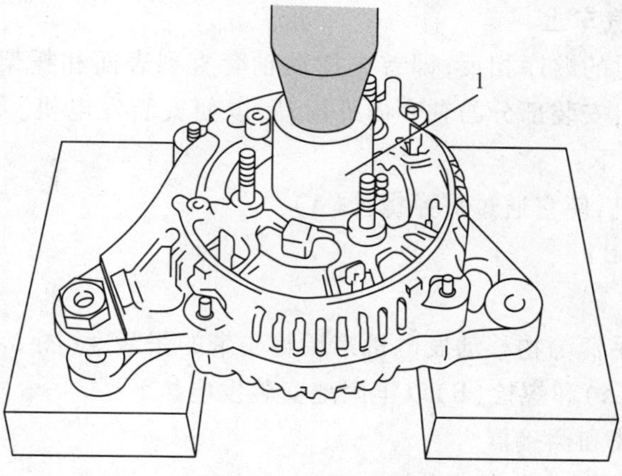

图 2－15 安装整流器

1—套筒扳手

(3) 安装发电机调节器总成

(4) 安装发电机电刷座总成

如图 2-16 所示,安装发电机电刷座要尽可能使用最小的平头螺丝刀,将电刷压入电刷座,将电刷座安装到端机座内。拉出螺丝刀,目视检查电刷是否碰撞到滑环。

注意

由于电刷比螺丝刀柔软,因此容易被损坏。为防止损坏,可在螺丝刀的末端包一些聚氯乙烯绝缘带。

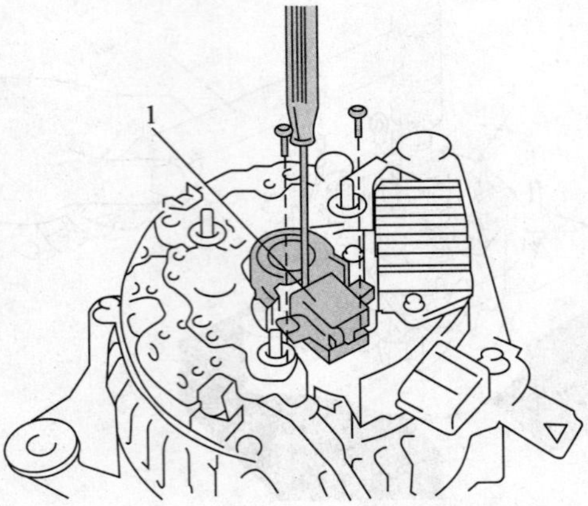

图 2-16 安装发电机电刷座总成

1—电刷座

(5) 安装发电机皮带轮

当皮带轮锁止螺母被拧紧后,它会随轴一起旋转。拧紧螺母时,使 SST 和螺母保持不动,转动轴。所用工具与拆卸时相同。

2. 将发电机安装到汽车上

安装发电机与拆卸时的顺序相反,即首先滑动轴套直到表面和托架平齐(管接头一端),然后用锤子和铜棒将发电机安装部分的轴套向外滑动,以便安装发电机。安装发电机的方法如图 2-17 所示。安装步骤如下:

(1) 初步安装发电机,使它通过贯穿螺栓(A)

(2) 初步安装螺栓(B)

(3) 安装传动皮带

(4) 通过用锤子的手柄等物移动发电机来调整皮带的张紧度(图 2-18)

(5) 拧紧贯穿螺栓(A)和螺栓(B)以牢固地安装发电机

(6) 连接发电机电缆和插接器

(7) 连接蓄电池负极(-)端子电缆

(8) 检查过程完成以后,将工作前记录的车辆信息恢复,如选择的收音机频道、时钟设置、方

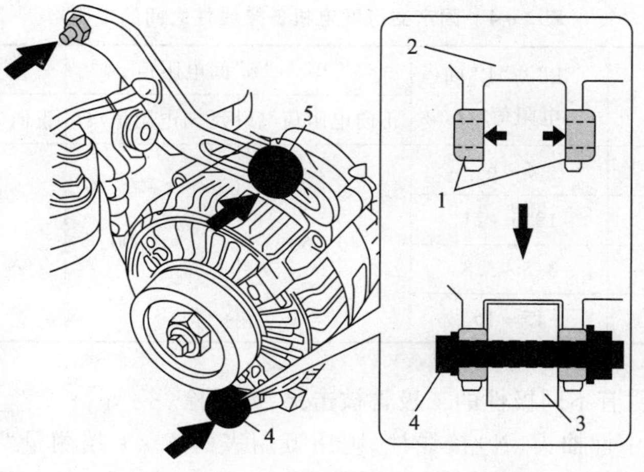

图 2-17　将发电机安装到汽车上

1—轴套；2—发电机；3—托架（发动机一侧）；4—贯穿螺栓（A）；5—螺栓（B）

向盘位置（带有记忆系统）、座椅位置（带有记忆系统）等。

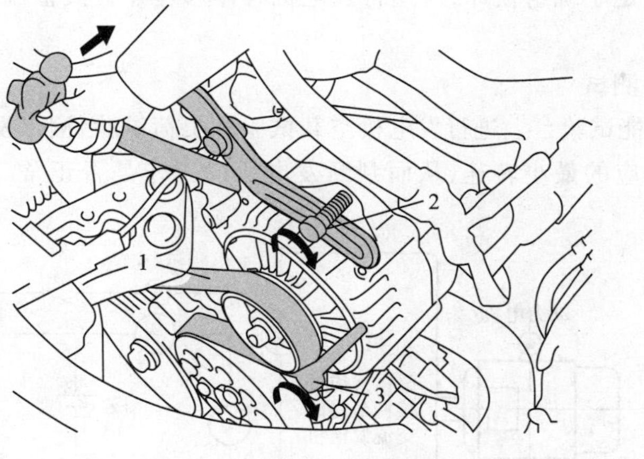

图 2-18　调整皮带张紧度

1—传动皮带；2、3—安装螺栓

3. 交流发电机的性能测试

交流发电机的检测结果可用于检修前的故障诊断或修理后的性能检查。

（1）单机静态测试

在发电机不解体时，用万用表测量各接线柱间的电阻值，可初步判断发电机是否有故障。其方法是用万用表的 $R\times1$ 挡测量发电机“F”与“E”之间的电阻值以及发电机“B”与“E”之间的正、反向电阻值。正常情况下，其电阻值应符合表 2-4 所示数值。

若“F”与“E”之间的电阻超过规定值，可能是电刷与滑环接触不良；若小于规定值，可能是励磁绕组有匝间短路或搭铁故障；若电阻为零，可能是两个滑环之间有短路或者“F”接线柱有搭铁故障。

用万用表的黑表笔接触后端盖，红表笔接触发电机“电枢”（B）接线柱，并以 $R\times1$ 挡测量电阻值。若示值在 40～50 Ω，可认为无故障；若示值在 10 Ω 左右，说明有失效的整流二极管，需拆

表 2-4 国产交流发电机各接线柱之间的电阻

交流发电机型号		"F"与"E"间电阻值/Ω	"B"与"E"间电阻值		"N"与"E"间电阻值	
			正向电阻值/Ω	反向电阻值/Ω	正向电阻值/Ω	反向电阻值/Ω
有刷	JF11、JF21	5~6	40~50	>10000	10	>10000
	JF12、JF23	19.5~21				
无刷	FJW14	3.5~3.8				
	JFW28	15~16				

检;若示值为0,则说明有不同极性的二极管被击穿,需拆检。

若交流发电机有中性抽头(N)接线柱,则用万用表的 $R\times1$ 挡测量"N"与"E"以及"N"与"B"之间的正、反向电阻值,可进一步判断故障在正极管还是在负极管。

用数字表的二极管挡进行发电机定子绕组测量效果更好。"B"与"E"间和"B"与"D"间的值(整流板正向压降)均应为0.9 V左右。如果小于0.8 V说明整流二极管老化,如果小于0.6 V说明有二极管损坏或定子绕组损坏,应进行发电机解体修理并更换整流板,另"B"与"N"间的值应为0.5 V。

(2) 试验台动态测试

可在汽车电器万能试验台上进行发电机空载试验和负荷试验,测出发电机在空载和满载情况下发出额定电压时对应的最小转速,从而判断发电机的工作是否正常。试验线路图如图2-19所示。

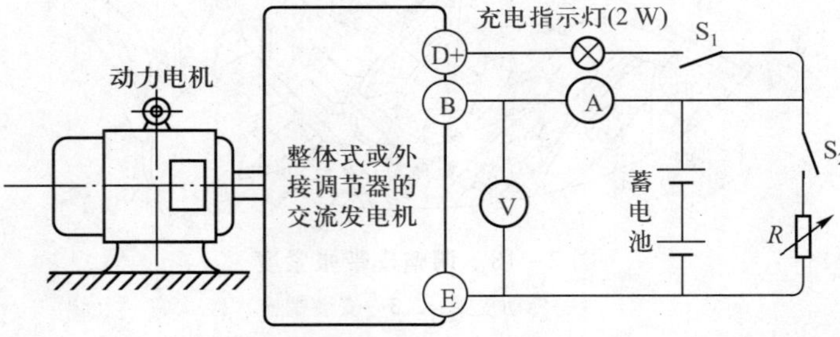

图2-19 交流发电机试验线路图

1) 空载试验。将待试发电机固定在试验台上,由另外的调速电机拖动。合上开关 S_1,由蓄电池供给发电机励磁电流进行他励,当发电机转速为1000 r/min(用转速表测量)时,对12 V电气系统发电机电压应为14 V,对24 V电气系统发电机电压应为28 V。

2) 负荷试验。首先断开开关 S_1,发电机转为自励,然后合上开关 S_2,调节可调电阻 R。在发电机转速为1000 r/min时,发电机电压应大于12 V或24 V;在发电机转速为2500 r/min时,电压应达到14 V或28 V,电流应达到或接近该发电机的额定电流。

(3) 交流发电机的就车测试

发电机还可以在汽车上进行试验。将蓄电池搭铁线暂时拆下,把一只0~40 A的电流表串接到发电机相线"B"接线柱与相线原接线之间,再把一只0~50 V的电压表接到"B"与"E"之间,再恢复蓄电池的搭铁线,以保证操作安全。起动发电机,并提高转速,当发电机转速为

2500 r/min时，电压应在 14 V 或 28 V 以上，电流应为 10 A 左右。此时打开前照灯、雨刮器等负荷，电流应为 20 A 左右，表明发电机工作正常。

第三部分　实训操作

1. 接受任务

在汽修厂或生产性实习基地，熟悉修理工作环境，并接受本项目工作任务，填写检修任务单（表 2－5）。

表 2－5　检修任务单

任务组长		任务描述			
车牌号		VIN No.			
客户 ID		客户姓名			
邮政编码		地址			
电话 1		电话 2			
车型		SFX		外观颜色	
上次行驶里程		入厂规定			
委托事项		维修内容		必要零件	

2. 发电机的组装及调整

按照要求组装发电机，决策组装方案。

（1）制订发电机详细组装计划

（2）记录操作步骤

表 2－6 为发电机组装步骤记录表。

表 2－6　发电机组装步骤记录表

序号	作业内容	组装工具	操作是否正确	备注
1	将零部件依次排列			
2	组装后端盖和电枢			
3	装配发电机转子总成			

续表

序号	作业内容	组装工具	操作是否正确	备注
4	装配整流器总成			部分型号先装
5	装配皮带轮和风扇			
6	装配调节器总成			整体式有
7	装配发电机电刷架总成			
8	安装后端盖和接线螺栓			
9	把发动机总成安装到发动机上			

3. 发电机就车性能检测

按照要求进行发电机就车性能测试,决策检测方案。

(1) 制订发电机就车性能测试计划

(2) 记录检测数据和结果

表2－7为就车性能测试记录表。

表2－7 就车性能测试记录表

序号	作业内容	标准值	实测值	备注
1	检查蓄电池连接			
2	检查蓄电池电量			放电电压检查
3	检查发电机运转情况			
4	连接电路、电压表			
5	无负载性能试验:(转速)			
	电流表读数			
	电压表读数			
6	有负载性能试验:(转速)			
	电流表读数			
	电压表读数			

4. 任务完成情况评估

任务实施结果	
自我评估	
组长评估	
指导教师评估	

5. 任务完成情况总结

项目三

轿车电源系统故障诊断与排除

第一部分　实训组织

一、实训目的与要求

1. 能够检查轿车电源系的工作情况。
2. 能够利用捷达轿车线路图制订电源系故障检修计划。
3. 能够排除捷达轿车电源系故障。

二、安全与环保教育

1. 实习轿车使用前的安全教育，特别是防止发生人身伤害事故。
2. 按照规范操作实习车辆和电器实验台，以防教学设备损坏。

三、实训设备及工具

1. 实训用捷达轿车一辆。
2. 捷达轿车全车线路实验台。
3. 万用表、汽车电工工具。

四、实训步骤与方式

项目	学时分配	教学方式(建议)
课前准备	课余	预习教材，查阅资料。
教师讲授	1 学时	轿车电源系的应用，捷达轿车电源系电路识图。
实训操作	3 学时	发电机检查，中央配电盒的检查，电源系故障诊断与检修。

第二部分 实训内容

1. 交流发电机的应用

发电机是汽车电器的主要电源，由汽车发动机驱动，在发动机正常工作时，发电机给所有用电设备供电，并向蓄电池充电以补充蓄电池在使用中所消耗的电能。汽车用发电机主要由三相同步交流发电机、三相桥式全波整流器以及电压调节器三部分组成，分别完成发电（三相交流电）、整流成直流电压和输出恒定电压（14 V）的工作。

2. 交流发电机及电源系电路的认识

汽车用交流发电机，为了使不同转速、不同负载下都能有恒定的电压输出，必须装有电压调节器。按照调节器是否安装在发电机内部，分为整体式交流发电机和普通型交流发电机。

（1）整体式交流发电机（内装电压调节器式）

内装电压调节器式交流发电机多用于轿车，如一汽奥迪、上海桑塔纳等轿车用的 JFZ1813Z 型交流发电机。如图 2－20 所示，发电机端子："B＋"、"D＋"、"E－"，端子左侧为发电机。

注意

有的车端子"E"就是发电机的外壳。

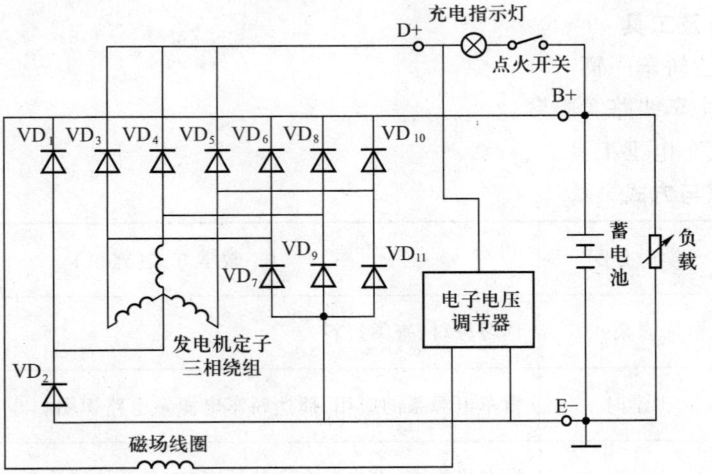

图 2－20　桑塔纳轿车电源电路原理图

（2）普通交流发电机（外装电压调节器式）

外装电压调节器式交流发电机在载货汽车和大型客车上应用较普遍，如东风 EQ1090 型载货汽车用 JF132 型交流发电机，解放 CA1091 型载货汽车用 JF1522A 型交流发电机等，如图 2－21 所示。

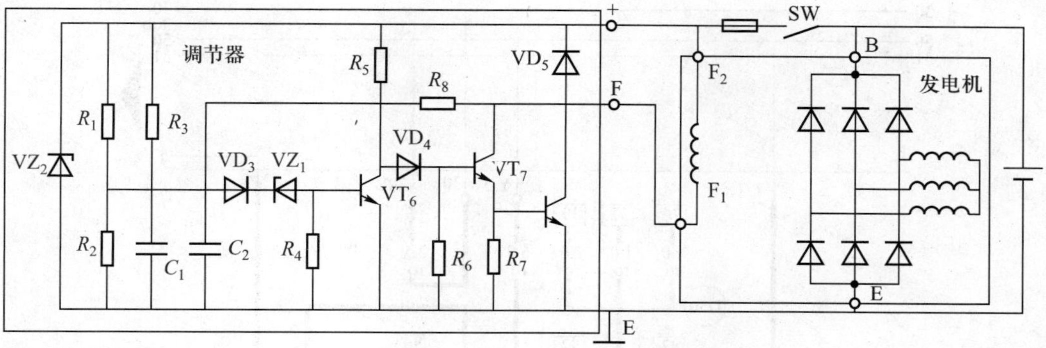

图 2－21　解放 CA1091 电源电路原理图

3. 捷达电源系线路识读

(1) 点火开关信号

如图 2－22 所示为捷达轿车点火开关电路,30(30 号线)为点火开关来电,点火开关各触点连接情况是:

无钥匙时,点火开关 30 与 P 相通。

钥匙插入后,30 与 P、S 相通。

钥匙处于点火位置时,30 与 15、X、S 相通。

钥匙处于起动位置时,30 与 50、15、S 相通。

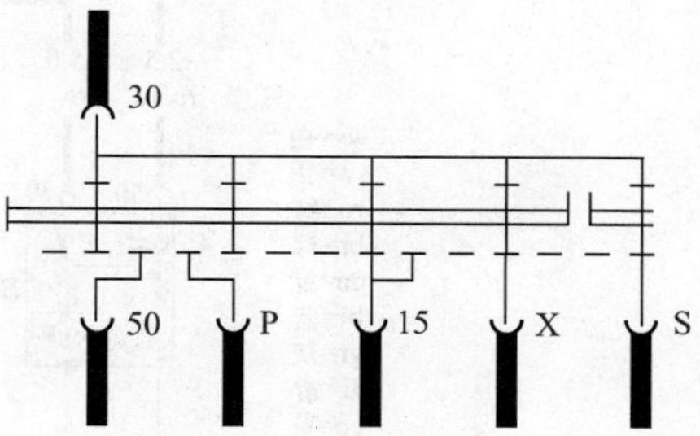

图 2－22　捷达轿车点火开关电路

(2) 30 号线的形成

30 号线称为常带电,无论点火开关处于何种位置(发动机是否运行)均有电。

如图 2－23 所示,发电机的端子“B1＋”经过熔断器 S177 和蓄电池的正极连在一起,经过熔断器 S176 连接到中央配线盒,形成 30 号线。

(3) 15 号线的形成

15 号线称为运行起动带电,即当点火开关钥匙处于点火和起动位置时带电。

如图 2－24 所示,30 号线经点火开关后形成运行带电 15 号线,15 号线送中央配线盒经各路熔断器供全车各种运行起动带电设备使用。

(4) 75 号线的形成

75 号线称为大电流(或大负载)运行带电,当点火开关打开时 75 号线带电,给运行带电的大负载的用电设备提供电源。

如图 2－24 所示,常带电 30 号线经点火开关后形成 X 线,称为大电流运行带电控制线(图 2－24中 f 线就是 X 线),X 线送中央配线盒,控制卸荷继电器 J_{59}工作(31 号线为中央配线盒搭铁线),当 J_{59}卸荷继电器开关闭合时,30 号线与 75 号线相连。

注意

X 线连接情况同 15 号线基本相同,但在起动位置时 X 线断开,减少用电负荷,使起动更容易。

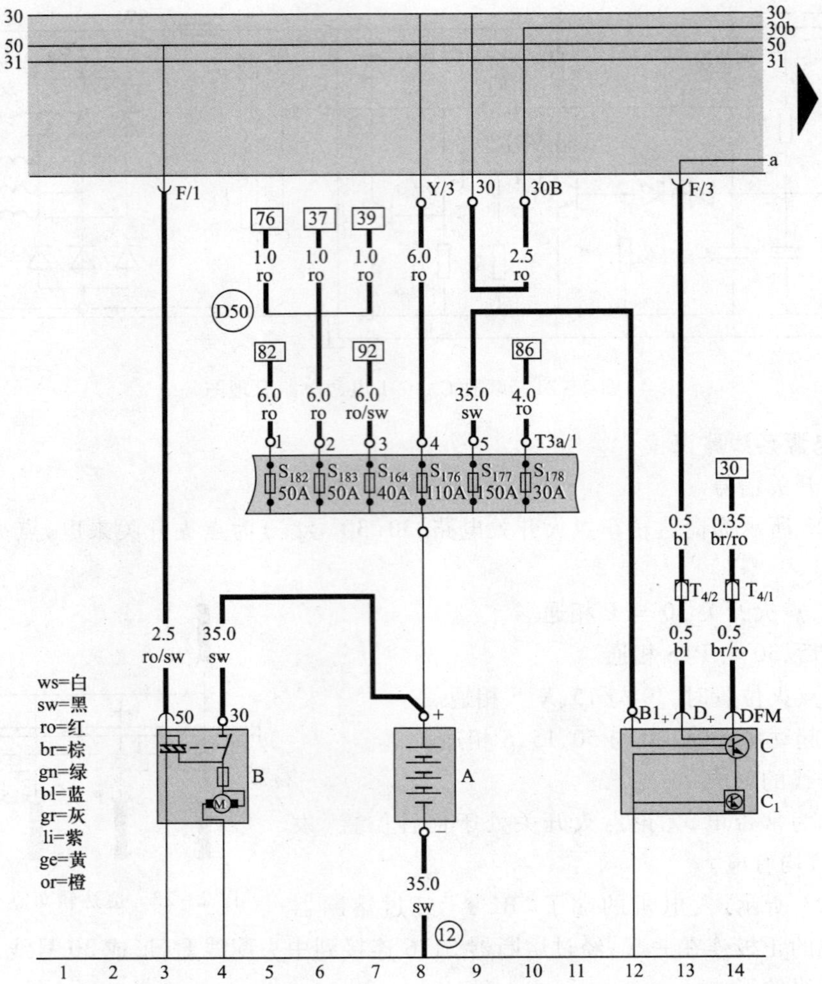

图 2-23 捷达电路 1

A—蓄电池；B—起动机；C—发电机；C_1—电压调节器；S182 等—熔断器

(5) 50 号线的形成

50 号线称为起动带电，当点火开关置于起动位置时 50 号线带电。

如图 2-25 所示，常带电 30 号线经点火开关后形成运行带电 50 号线，50 号线送中央配线盒，50 号线最主要的作用是控制起动机工作。

(6) P 线的形成

P 线称为驻车带电，点火开关处于起动和运行位置（点火位置）时无电，点火开关关闭时，无论钥匙是否插入均有电，即驻车有电，用来给驻车灯、防盗器等电器供电，P 线送中央配线盒经各路熔断器供全车各种驻车带电设备使用。

(7) S 线的形成

S 线称为舒适系统带电（或辅助电器带电），点火开关插上钥匙即有电（舒适系统有电），此时可以使用音响等舒适系统，同时遥控装置无效，S 线送中央配线盒经各路熔断器供全车各种辅助电器设备使用。

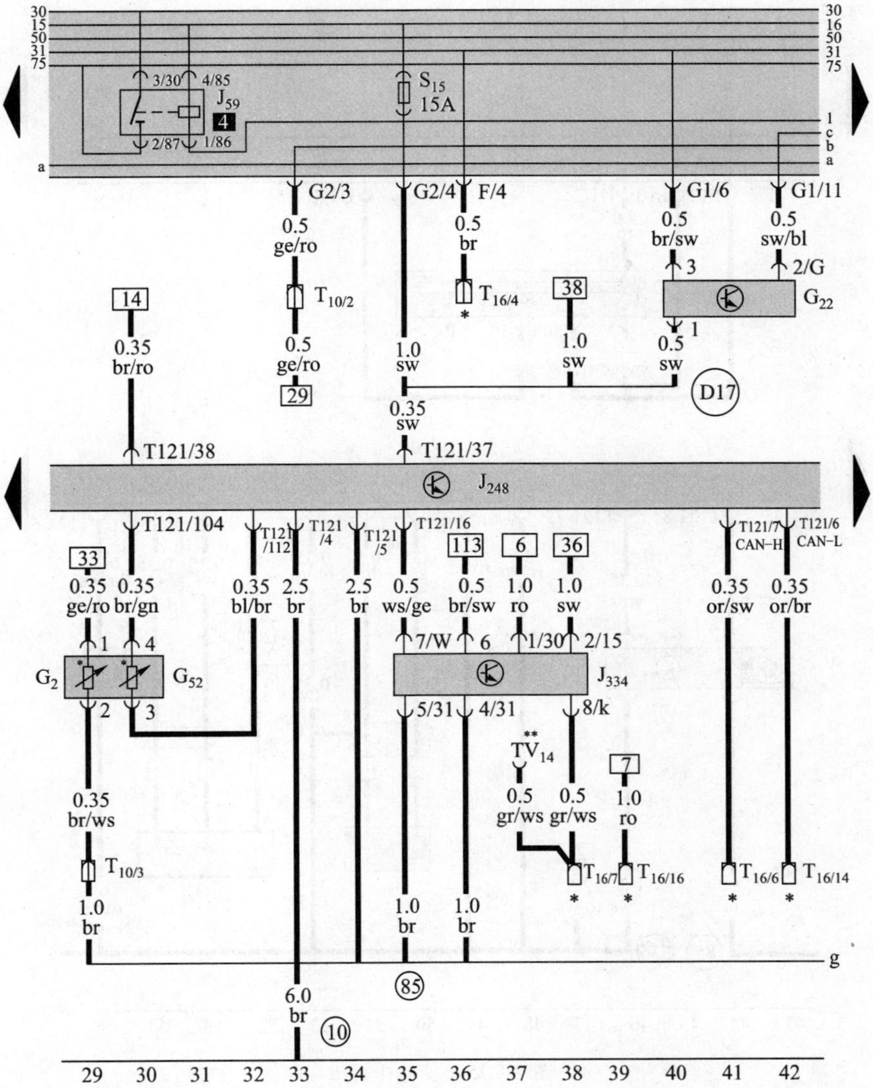

图 2－24　捷达电路 2

G2—水温传感器；G22—车速传感器（霍尔传感器，变速器上）；G62—水温传感器；

J59—X 触点卸荷继电器；J248—柴油直喷控制单元；J334—防盗器控制单元

（8）发电机其他端子

发电机“D”端子（励磁端子，内部接励磁绕组）经中央配线盒控制充电指示灯，发电机 DFM 端子与发动机控制单元 J_{248}（柴油直喷控制单元）相连。

注意

有些车辆虽然点火开关有 P 和 S 触点，但没有使用 P 线和 S 线。

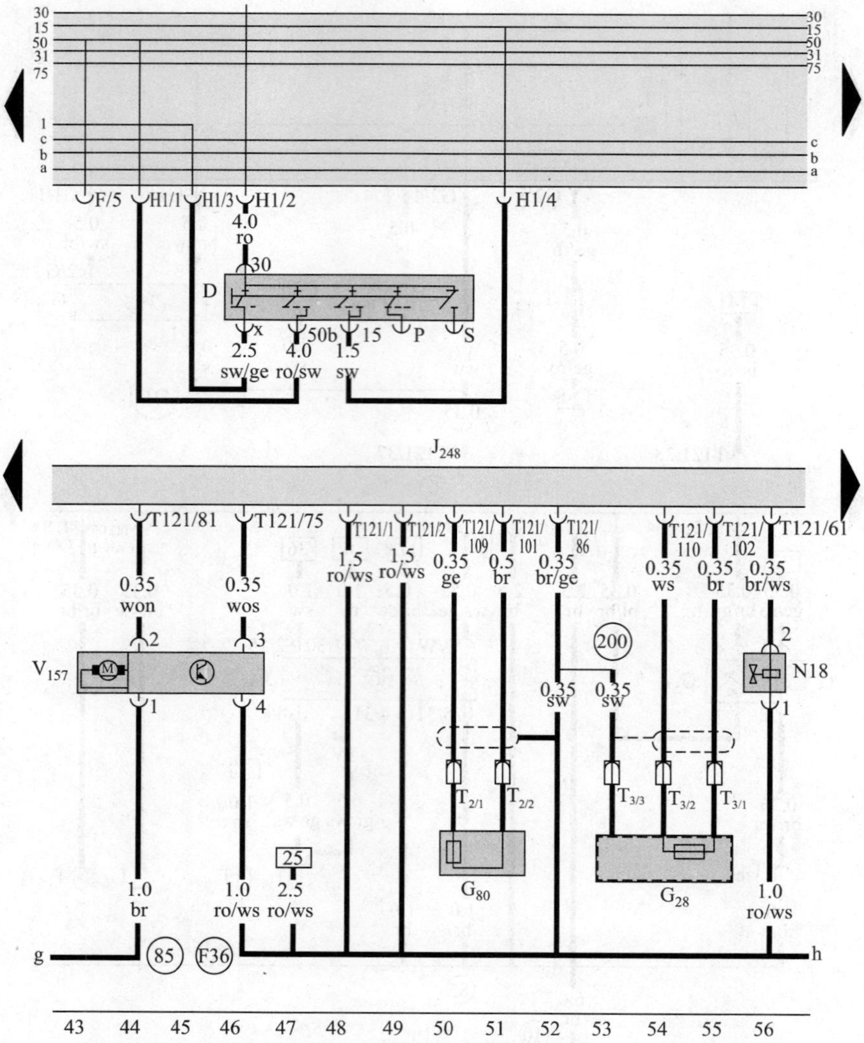

图 2－25 捷达电路 3

D—点火起动开关；G28—发动机转速传感器；G80—针阀行程传感器；
J248—柴油直喷控制单元；N18—废气再循环阀；V157—进气管翻板电机

4. 充电指示灯的检查

打开捷达轿车点火开关，充电指示灯应亮，起动发动机，充电指示灯应熄灭。如表 2－8 所示。观察充电指示灯工作情况，并认识其他各种警告灯。

5. 电源系的应用与维护

（1）蓄电池的搭铁极性必须与发电机搭铁极性相同。国产及进口交流发电机均为负极搭铁，蓄电池必须负极搭铁。否则，蓄电池将通过二极管大电流放电，使二极管烧坏。

（2）发电机运转时，不能使用试火方法检查发电机是否发电，否则容易损坏二极管及其他电子元件。

（3）发电机运转时，不能断开“B”端子连线（输出加弹簧垫圈拧紧），否则容易损坏二极管及其他电子元件。

表 2-8　汽车报警及指示灯

Item	Symbol	Meaning of warning lamps	Item	Symbol	Meaning of warning lamps
①		废气排放指示灯	⑮		机油油位报警
②	EPC	EPC 指示灯	⑯		安全带未系报警
③		预热及故障指示灯	⑰	40A	ABS 警报灯
④		防盗指示灯	⑱		ASR 或 ESP
⑤		发电机指示灯	⑲		手刹车、制动液位、制动系统
⑥		灯泡检测指示灯	⑳		定速巡航
⑦		转向信号机指示灯	㉑		电动助力转向
⑧		冷却液温度及液位指示灯	㉒		柴油车颗粒净化器报警灯
⑨		机油压力报警灯	㉓		油箱盖开启报警灯
⑩		制动衬片磨损指示灯	㉔		远光灯
⑪		车门指示灯	㉕		后雾灯指示灯
⑫		风窗清洗液液位报警灯	㉖		安全气囊或燃爆式安全带故障指示灯
⑬		行李厢开启指示灯	㉗		制动踏板
⑭		燃油油位报警	㉘		发动机仓盖未关指示灯

（4）发现交流发电机不发电或者充电电流较小时，应及时找出故障予以排除。如长期带故障运行，发电机可能出现严重故障或损坏。一个二极管短路，将会使其他二极管和定子绕组烧坏。

（5）绝对禁止用 200 V 以上的交流电压表或兆欧表检查发电机的绝缘性能，否则将损坏整流二极管及调节器中的电子元件。

（6）发电机正常运行时，切不可任意拆卸各电器设备的连接线，以防引起电路中的瞬时过电压，损坏二极管及调节器中的电子元件或其他电子设备。

（7）蓄电池可起到电容器的作用，即可在一定程度上吸收电路中的瞬时过电压，在发动机运行之中不要拆下蓄电池连接导线，否则容易造成发电机二极管及调节器中的电子元件的损坏。

(8) 发动机熄火后，应及时将点火开关断开，否则蓄电池长期向磁场绕组放电，使磁场绕组过热而损坏。

(9) 保持发电机皮带有合适的张紧度。皮带张紧度的检查与调整见图 2－26a。用大拇指下压(压力 30～40N)风扇带，其挠度应为 10～15 mm，若不符合规定，应予以调整。调整方法见图 2－26b。先用扳手松开紧固螺母，然后用撬棒撬动发电机外壳进行皮带张紧度的调整，符合要求后再拧紧紧固螺母。

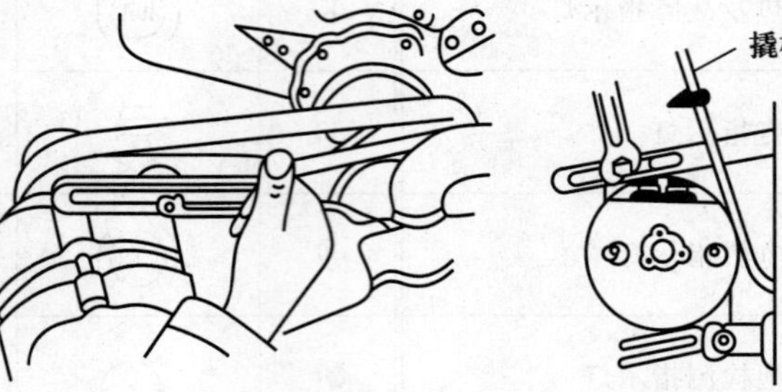

(a) 皮带张紧度的检查　　(b) 皮带张紧度的调整

图 2－26　皮带张紧度的检查与调整

6. 捷达轿车发电机就车检查

发电机还可以在汽车上进行试验。将蓄电池搭铁线暂时拆下，把一块 0～40 A 的电流表串接到发电机火线 B 接线柱与火线原接线之间，再把一块 0～50 V 的电压表接到“B”端子与“E”端子之间，再恢复蓄电池的搭铁线，以保证操作安全。起动机起动发动机，并提高转速，当发电机转速为 2 500 r/min 时，电压应在 14 V 或 28 V 以上，电流应为 10 A 左右。此时打开前照灯、雨刮器等负荷，电流应为 20 A 左右，表明发电机工作正常。

7. 电源系统故障诊断与排除

(1) 蓄电池故障的诊断

蓄电池的工作情况可以使用放电计或万用表通过检查蓄电池的放电电压来判断。用万用表在起动状态下就车测量蓄电池的放电电压，如果电压小于 7.5 V 应予更换。放电计可以直接测量放电电压。

一般蓄电池的寿命为 2 年左右，免维护蓄电池稍长，当经常出现冷启动困难，同时放电电压低于规定值，应及时更换蓄电池。更换后的蓄电池应由专业部门进行回收，不可随意丢弃，防止环境污染。

现代轿车蓄电池一般不需要维修。

(2) 充电系统不充电(充电指示灯常亮)故障诊断

1) 故障现象

当充电系统正常时，发动机怠速或转速升高到比怠速转速稍高时发电机输出电压即可达到调节电压并对蓄电池充电。若发电机中速运转时，电流表仍指示放电或充电指示灯仍然发亮，则说明充电系统不充电。

2) 故障原因

① 交流发电机驱动带过松；

② 充电系统线路故障；

③ 发电机故障；

④ 电子调节器故障。

3）故障诊断与排除

① 检查交流发电机驱动带轮与发动机曲轴驱动带轮之间的驱动带挠度是否符合规定。方法是在驱动带上施加100N的作用力下:新驱动带挠度为5~7 mm;旧驱动带挠度为10~14 mm。如挠度过大应进行调整或更换驱动带。

② 检查交流发电机,方法同项目1。

③ 检查电压调节器及线路。

（3）充电电流过小的诊断与排除

汽车行驶过程中,发电机向蓄电池充电属于定压充压,充电电流大小随充电时间增长而减小,如果充电电流过小会影响下一次起动,如果蓄电池经常充电不足,会影响蓄电池的寿命。

1）主要故障原因有：

① 发电机驱动带挠度过大而出现打滑现象；

② 充电线路或磁场线路接线端子松动产生接触不良；

③ 发电机故障；

④ 调节器调节电压过低。

2）故障排除

① 充电电流过小故障的排除方法如下：

② 检查交流发电机驱动带挠度是否符合规定；

③ 检查充电线路和磁场线路连接是否牢靠；

④ 利用直流电压表(量程不小于30 V)和直流电流表(量程不小于30 A)就车检测发电机输出功率是否达到额定输出功率。

（4）充电电流过大的诊断与排除

1）故障现象

① 汽车行驶时,充电电流始终保持在10 A以上且不减小；

② 蓄电池耗水量增大即液面降低较快；

③ 灯泡经常烧坏。

2）故障原因

充电电压过高对汽车电器危害较大,主要原因是调节器调节电压过高。

第三部分　实训操作

1. 接受任务

在汽修厂或生产性实习基地,熟悉修理工作环境,接受本项目工作任务,填写检修任务单

（表 2－9）。

表 2－9 检修任务单

任务组长		任务描述			
车牌号		VIN No.			
客户 ID		客户姓名			
邮政编码		地址			
电话 1		电话 2			
车型		SFX		外观颜色	
上次行驶里程		入厂规定			
委托事项		维修内容		必要零件	

2. 充电电压过高故障诊断

检查发电机电压，确定故障现象，分析图 2－23 的电源系电路，决策故障诊断方案

（1）制订充电电压过高详细检修计划

（2）记录检修数据并分析

表 2－10 为充电电压过高故障诊断记录表。

表 2－10 充电电压过高故障诊断记录表

序号	作业内容	测量数据	分析测量结果	备注
1	检查发电机电压			
2	检查发电机磁场			
3	检查 B－E 间正向压降			
4	检查电压调节器			
5	更换电压调节器			

3. 充电指示灯常亮故障诊断

观察充电指示灯，确定故障现象，分析图 2－23 的电源系电路，决策故障诊断方案

（1）制订充电指示灯常亮详细检修计划

（2）记录检修数据和结果并分析

表 2－11 为充电指示灯常亮故障诊断记录表。

表 2－11 充电指示灯常亮故障诊断记录

序号	作业内容	测量数据	分析测量结果	备注
1	检查发电机电压			
2	检查发电机磁场			

续表

序号	作业内容	测量数据	分析测量结果	备注
3	检查 B－E 间正向压降			
4	检查电压调节器			
5	区分故障是发电机外部还是内部			
6	外部故障检查			
7	内部故障判断			

4. 任务完成情况评估

任务实施结果	
自我评估	
组长评估	
指导教师评估	

5. 任务完成情况总结

第三单元

汽车起动系统故障检修

项目一

起动机的解体与测试

第一部分　实训组织

一、实训目的与要求

1. 能够进行丰田起动机的拆卸。
2. 能够进行丰田起动机各种零部件的检查与修理。

二、安全与环保教育

1. 实习轿车使用前的安全教育，特别是防止发生人身伤害事故。
2. 按照规范操作实习车辆和电器实验台，以防教学设备被损坏。
3. 正确操作举升机，实习时举升机应由专人操作，防止误操作伤人。

三、实训设备及工具

1. 实训用轿车一辆。
2. 实训用起动机若干台。
3. 万用表、汽车电工工具。

四、实训步骤与方式

项目	学时分配	教学方式（建议）
课前准备	课余	预习教材，查阅资料。
教师讲授	1 学时	轿车起动机拆卸方法，起动机检测方法。
实训操作	5 学时	起动机的拆卸与检测。

第二部分　实训内容

起动机工作时电流大、转速高，因此在使用时应当注意以下几点：

◇ 每次接通起动机的时间不得超过 5s，连续两次接通起动机应间隔 15s 以上时间，当连续三次接通起动机仍不能起动发动机时，应查明原因并排除故障后再使用起动机。

◇ 接通起动机时，如检测蓄电池端电压低于 9.6V，说明蓄电池存电不足或有硫化、短路等故障，应及时补充充电或更换电池。

◇ 汽车每行驶 6 000 ~ 7 500km，应检查起动机工作是否正常，有无异常噪声。每行驶 12 000 ~ 15 000km，应检查起动机外观、导线连接与紧固情况，并用发动机检测仪或专用仪器检测起动电流和起动电压。

起动机结构不同，拆装顺序也不相同。分解各型起动机时，一般情况下只需将其分解成电磁开关、电枢、磁场线圈与电动机壳体总成、单向离合器、端盖等总成即可。分解之后，必须注意电枢绕组、磁场绕组、离合器与电刷等部件不能用洗油清洗，只能用棉纱蘸少量汽油擦拭，其余部件可用洗油清洗。

下面以丰田系列车型起动机为例，说明起动机的分解方法。

1. 从发动机上拆下起动机

（1）断开蓄电池的负极电缆

如图 3－1 所示。在断开蓄电池的负极电缆之前，应对存储在 ECU 等器件内的信息做好记录，如诊断故障代码、选择收音机频道、座椅位置（带有记忆系统）、转向盘位置等。

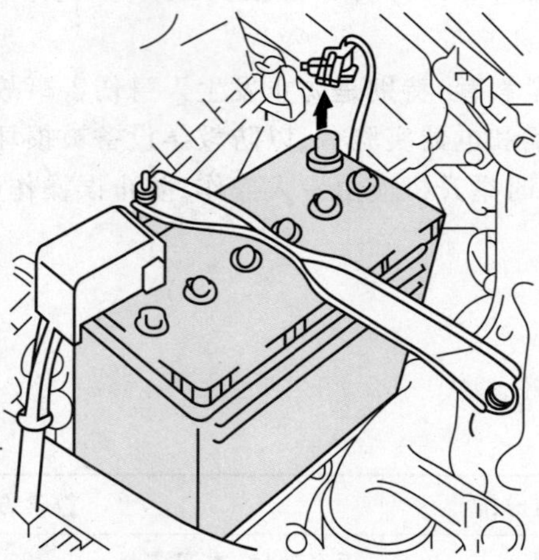

图 3－1 断开蓄电池的负极电缆

（2）拆卸起动机

1）拆卸起动机电缆，如图 3－2 所示。首先拆卸防短路盖，然后拆卸起动机电缆定位螺母，最后拆下起动机“30”端子的起动机电缆。

2）按压插接器的卡销，然后握住插接器机身断开插接器，如图 3－3 所示。

3）拆下起动机安装螺栓，然后滑动起动机将其拆下，如图 3－4 所示。

2. 起动机的解体

（1）拆卸电磁起动机开关总成，如图 3－5 所示

1）拆卸定位螺母并断开引线。

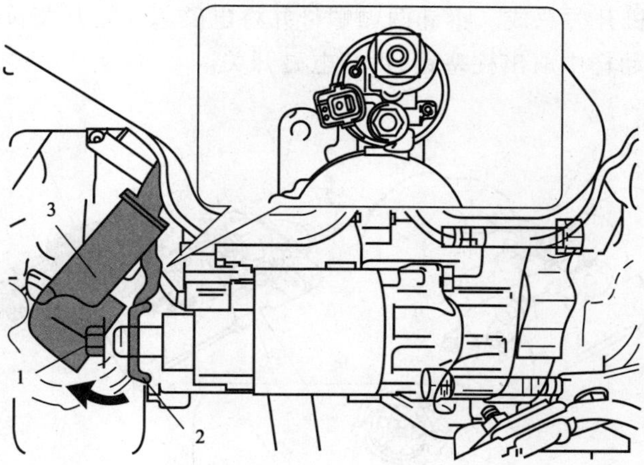

图 3－2　拆卸起动机电缆

1—电缆定位螺母；2—“30”端子的起动机电缆；3—防短路

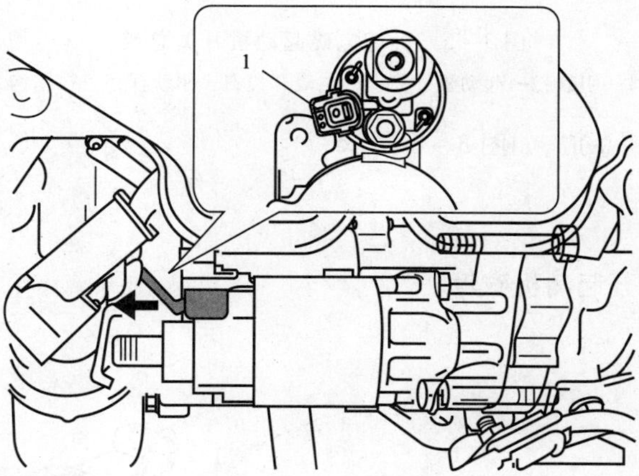

图 3－3　断开插接器

1—插接器卡销

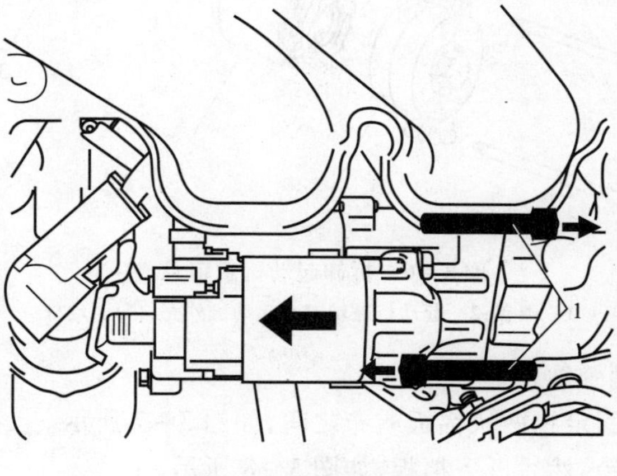

图 3－4　拆下起动机

1—安装螺栓

2）拆卸电磁起动机开关总成。拆卸两颗螺母并将电磁起动机开关拉到后侧，向上拉电磁起动机开关的顶端，从驱动杆中取出柱塞钩，拆卸电磁开关。

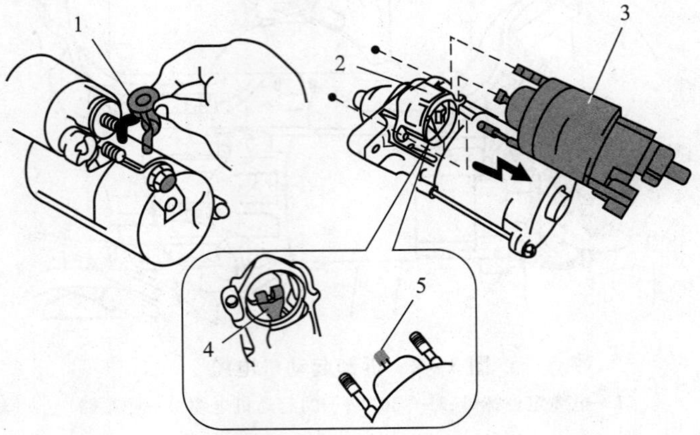

图 3－5 拆卸电磁起动机开关总成

1—引线；2—起动机外壳；3—电磁开关；4—驱动杆；5—柱塞钩

（2）拆卸起动机磁轭总成，如图 3－6 所示

1）拆卸两个螺栓。

2）拆卸换向器端盖。

3）从起动机外壳分开起动机磁轭。

4）拆卸驱动杆。

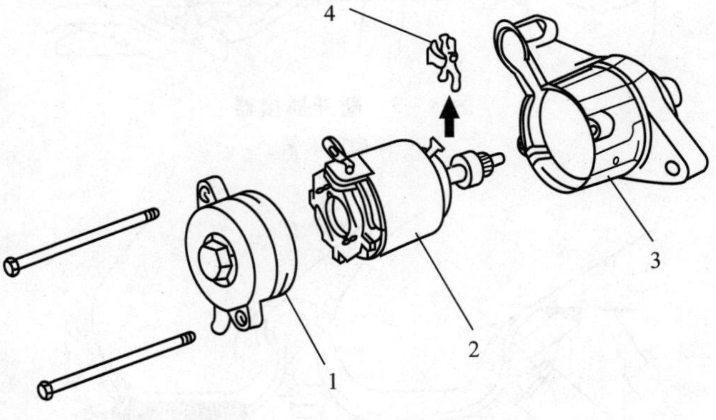

图 3－6 拆卸起动机磁轭总成

1—端盖；2—起动机磁轭；3—起动机外壳；4—驱动杆

（3）拆卸起动机电刷弹簧

1）用台钳将电枢轴固定在两块铝板或布之间，如图 3－7 所示。

2）用手指向上扳卡销，然后拆下挡板，如图 3－8 所示。

注意

应缓慢拆下挡板，否则电刷弹簧可能会弹出。

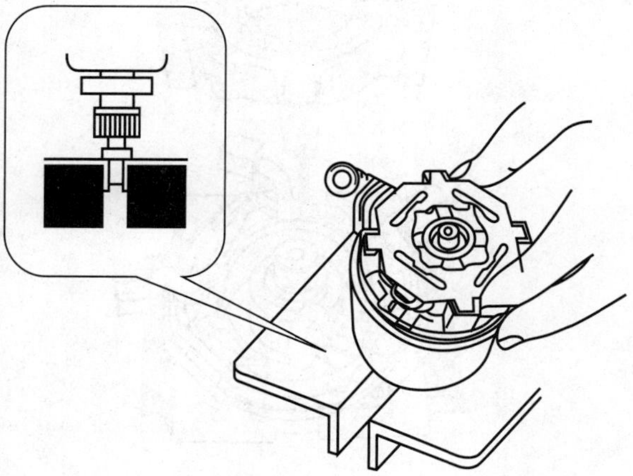

图 3－7　固定电枢轴

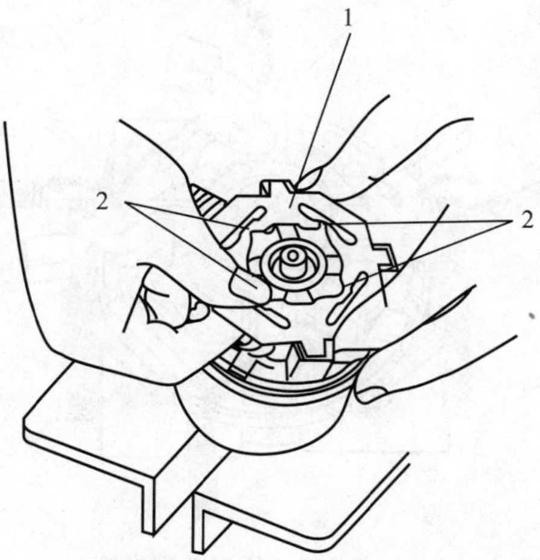

图 3－8　拆下挡板

1—板；2—卡销

3）用平头螺丝刀（或其他工具）压住弹簧，然后拆下电刷，如图 3－9 所示。

注意

操作时应用胶带缠住螺丝刀。为防止弹簧弹出，必须用一块布盖在电刷座上。

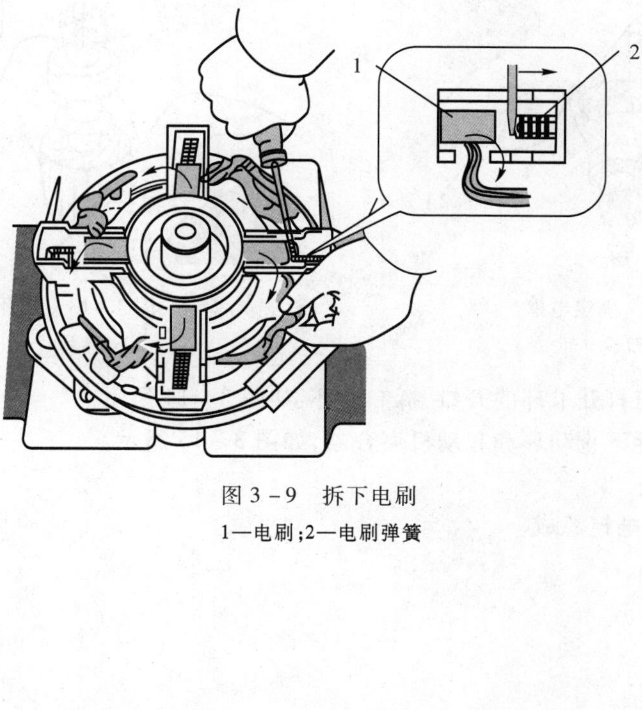

图 3－9　拆下电刷

1—电刷；2—电刷弹簧

4）从电刷座绝缘体上拆下电刷弹簧，如图 3－10 所示。

5）拆卸电刷座绝缘体，如图 3－11 所示。

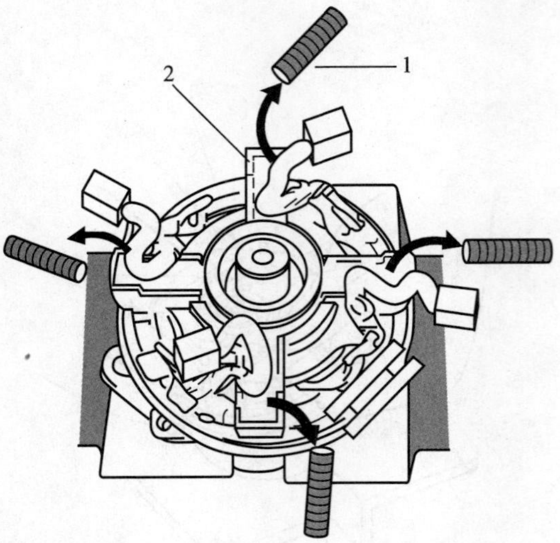

图 3－10 拆下电刷弹簧

1—电刷弹簧；2—电刷座绝缘体

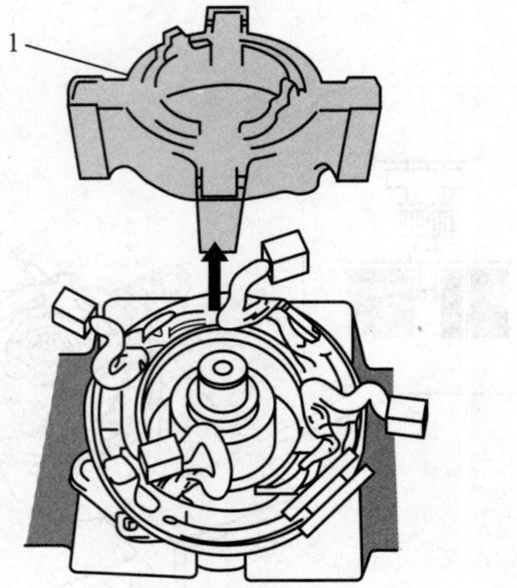

图 3－11 拆卸电刷座绝缘体

1—电刷座绝缘体

（4）拆卸起动机离合器

1）从起动机磁轭拆下起动机电枢总成，然后用台钳将电枢固定在两块铝板或布之间，如图 3－12所示。

2）用平头螺丝刀轻敲止动环，使其向下滑动，如图 3－13 所示。

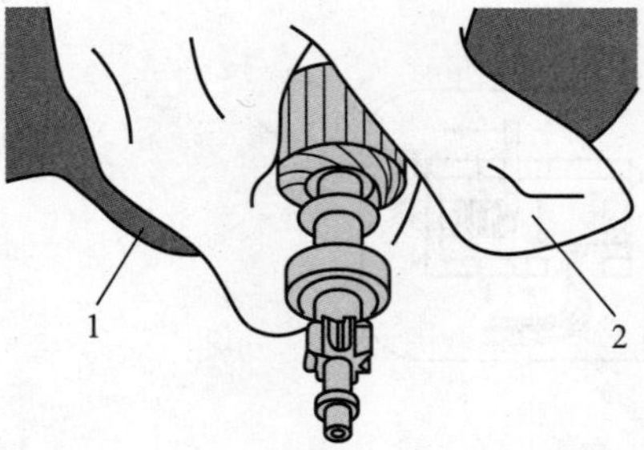

图 3－12 固定电枢

1—台钳；2—布

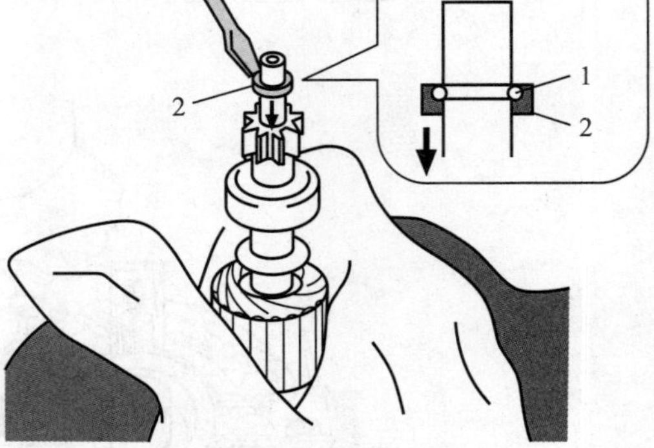

图 3－13 敲开止动环

1—卡环；2—止动环

3）用平头螺丝刀打开卡环的开口，拆卸卡环，如图 3－14 所示。

4）从电枢轴上拆下止动环和起动机离合器，如图 3－15 所示。

3. 起动机的检查

（1）检查起动机电枢总成

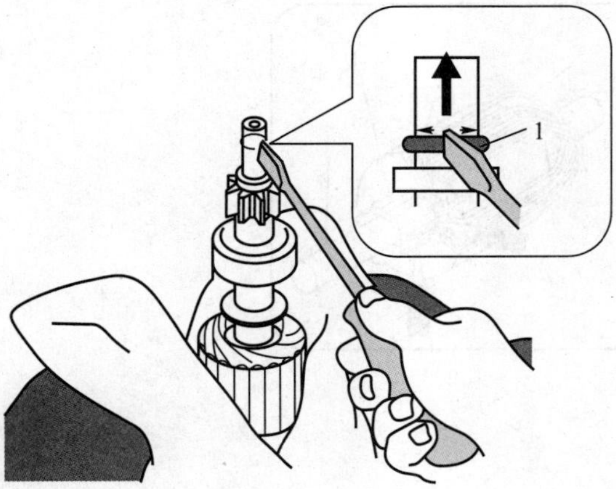

图 3 - 14　打开卡环开口

1—卡环

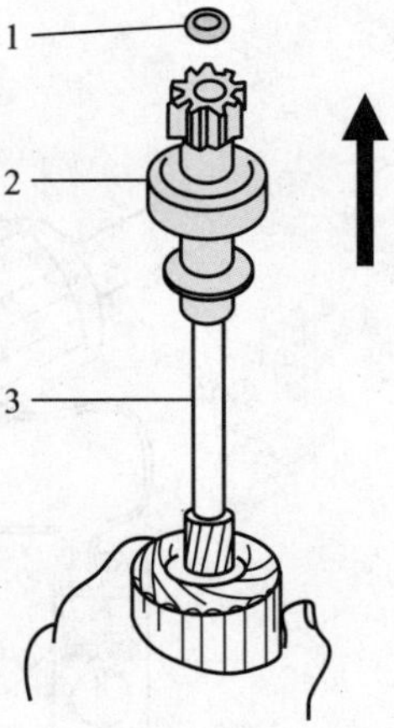

图 3 - 15　拆下止动环和起动机离合器

1—止动环;2—起动机离合器;3—电枢轴

1）目测检查。检查电枢线圈和换向器变脏的程度或是否烧坏。起动机的换向器很容易变脏和烧坏。换向器变脏和烧坏之后会干扰电流并妨碍起动机的正常运转。

2）清洁。用抹布或者刷子清洁电枢总成。

3）起动机电枢绝缘和导通检查。用万用表检查换向器和电枢铁心之间的绝缘情况,如图 3 - 16所示。电枢铁心和电枢线圈之间的状态为绝缘,换向器与电枢线圈相连。如果零部件正常,换向器和电枢铁心之间的状态为绝缘。

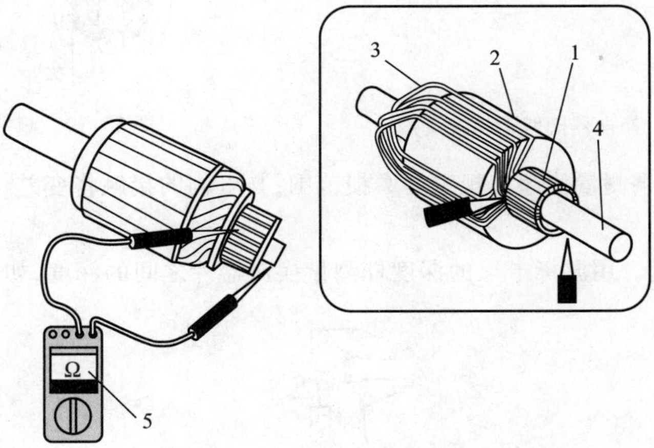

图 3 - 16　起动机电枢绝缘检查

1—换向器;2—电枢铁心;3—电枢线圈;4—电枢轴;5—不导通

用万用表检查换向器片之间的导通情况,如图 3 - 17 所示。每个换向器片通过电枢线圈连接。如果零部件正常,换向器片之间的状态为导通。

4）换向器圆跳动检查。用千分表检查换向器的跳动水平,如图 3 - 18 所示。由于换向器的跳动量变大,换向器与电刷的接触不良,可能会出现起动机无法运转的故障。

5）用游标卡尺测量换向器的外径,如图 3 - 19 所示。由于换向器在转动时要与电刷接触,

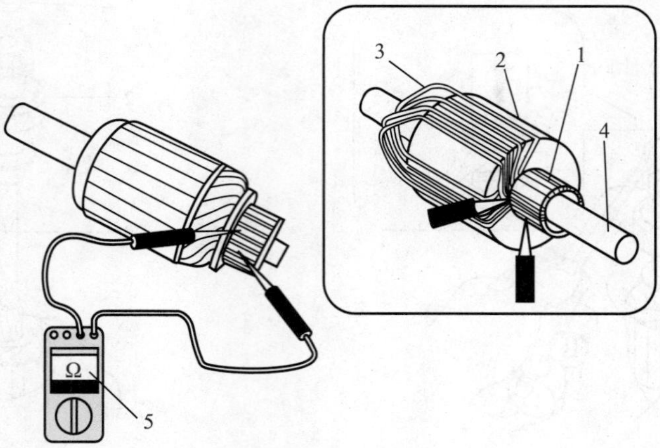

图 3 - 17 起动机电枢导通检查

1—换向器;2—电枢铁心;3—电枢线圈;4—电枢轴;5—导通

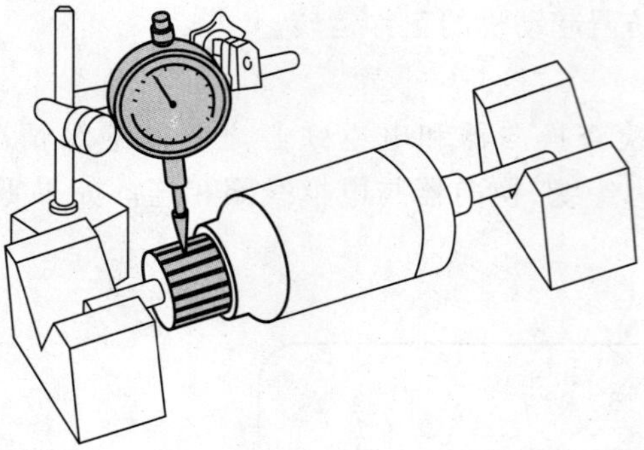

图 3 - 18 换向器圆跳动检查

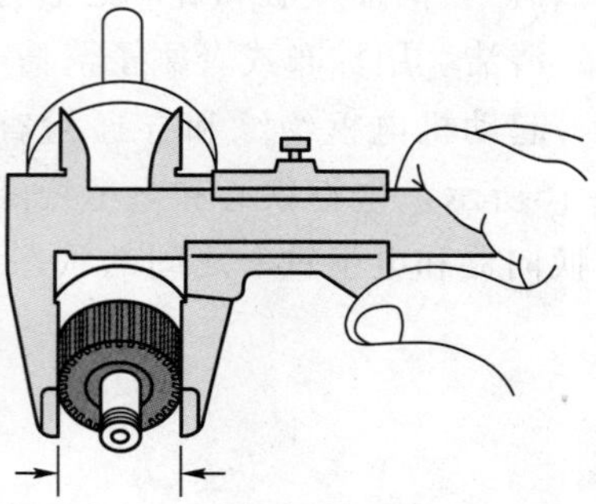

图 3 - 19 测量换向器的外径

因此会受到磨损。如果测量值超出规定的磨损范围,与电刷的接触将变差,这可能会导致起动机无法转动和其他故障。

6）检查凹槽深度。用游标卡尺的深度杆测量换向器片之间的深度,如图 3 - 20 所示。

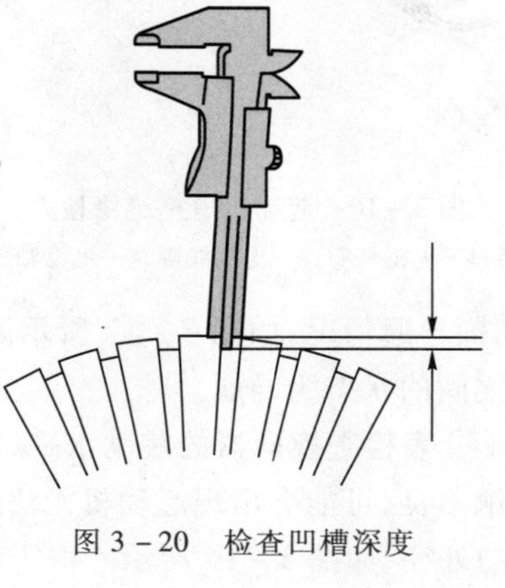

图 3 - 20 检查凹槽深度

(2) 检查励磁线圈

使用万用表进行下列检查:

1) 检查电刷引线(A组)和引线之间的导通情况。电刷引线由两组组成:一组与引线相连(A组),另一组与起动机磁轭相连(B组)。检查引线和所有电刷引线之间的导通情况,如图3-21所示。与A组相连的两根电刷引线导通,与B组相连的两根电刷引线不导通。

检查电刷引线和引线之间的导通情况有助于确定励磁线圈中是否发生开路。检查电刷引线和起动机磁轭之间的绝缘情况有助于确定励磁线圈中是否发生短路。

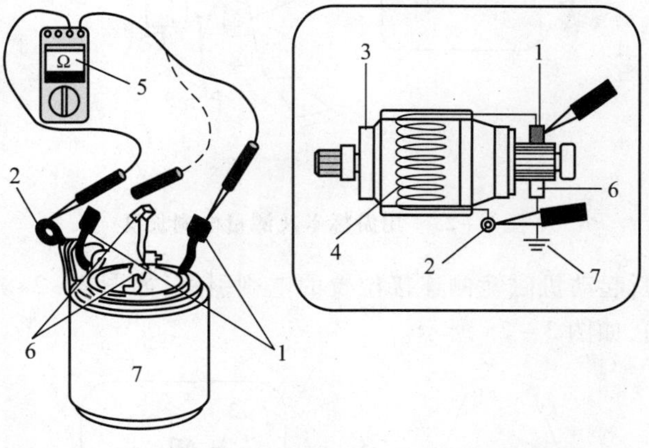

图3-21 电刷引线(A组)和引线之间的导通情况检查

1—电刷引线(A组);2—引线;3—电枢;4—励磁线圈;5—导通;6—电刷引线(B组);7—起动机磁轭

2) 检查电刷引线(A组)和起动机磁轭之间的绝缘情况,如图3-22所示。检查电刷引线和起动机磁轭之间的绝缘情况有助于确定励磁线圈中是否发生短路。

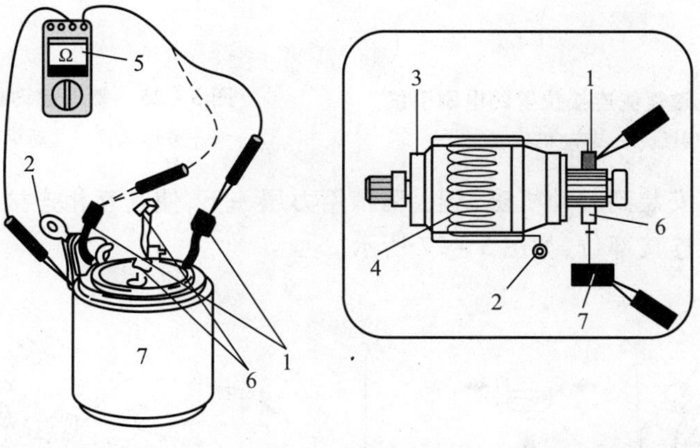

图3-22 电刷引线(A组)和起动机磁轭之间的绝缘情况检查

1—电刷引线(A组);2—引线;3—电枢;4—励磁线圈;5—不导通;6—电刷引线(B组);7—起动机磁轭

(3) 检查电刷

电刷被弹簧压在换向器上。如果电刷磨损程度超过规定限度,弹簧的夹持力将降低,与换向器的接触将变差。这可能会使起动机无法转动。

1) 清洁电刷并用游标卡尺测量电刷长度,如图3-23所示。测量电刷中部的电刷长度,因为此部分磨损最严重。用游标卡尺的顶端测量电刷长度,因为磨损部位呈圆形。如果上述测量值低于规定值,应更换电刷。

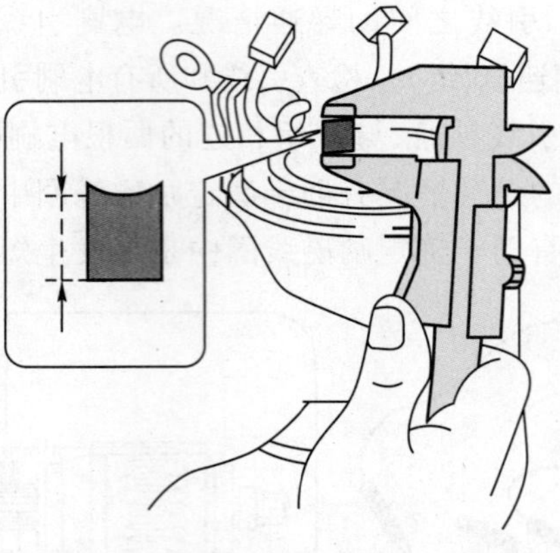

图 3-23 用游标卡尺测量电刷长度

2）更换电刷。切断起动机磁轭侧连接位置的电刷引线,如图 3-24 所示。用锉或者砂纸整形起动机磁轭的焊接面,如图 3-25 所示。

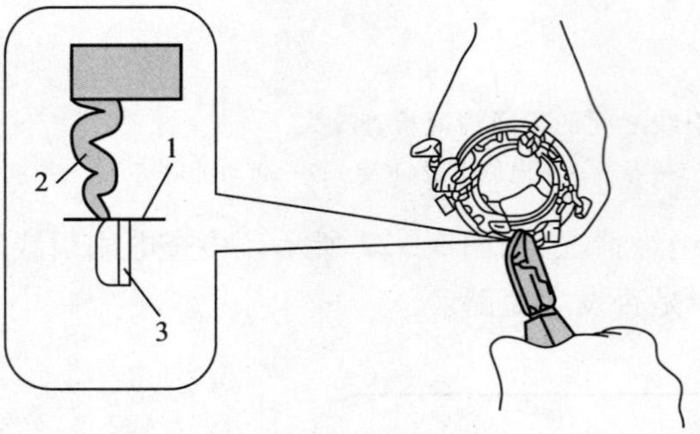

图 3-24 切断起动机磁轭侧连接位置的电刷引线

1—切断;2—电刷引线;3—起动机磁轭侧

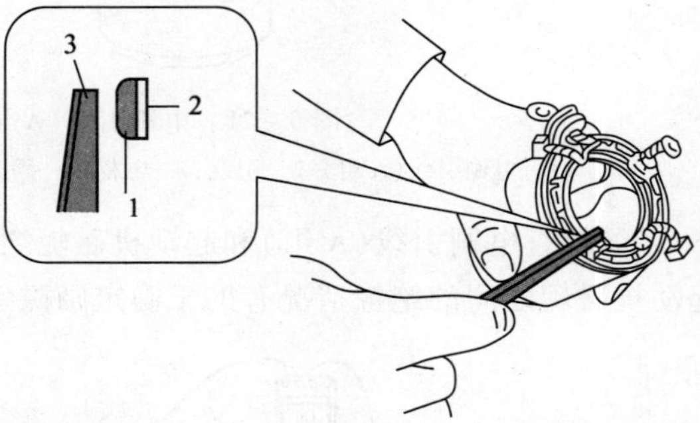

图 3-25 整形起动机磁轭的焊接面

1—整形区;2—起动机磁轭侧;3—木锉

将带板的新电刷安装到起动机磁轭上,稍稍用力压一下,使其互相连接,如图 3-26 所示。将新电刷焊接在连接部位,如图 3-27 所示。

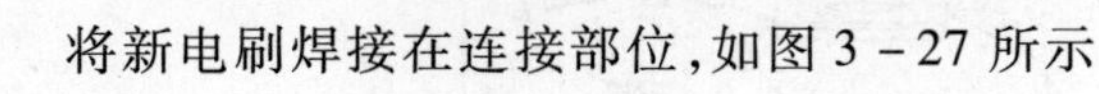

图 3-26 新电刷的安装

1—电刷;2—起动机磁轭

图 3-27 将新电刷焊接在连接部位

提示

焊接时请使用适量的焊料,注意不要接触到目标区域以外的地方。

(4) 检查起动机离合器分总成

用手转动起动机离合器,检查单向离合器是否处于闭锁状态,如图 3-28 所示。单向离合器仅向一个旋转方向传送转矩。在另一个方向,离合器只是空转,不会传送转矩。

(5) 检查电磁起动机开关总成

1) 用手指按住柱塞,松开手指之后,检查柱塞是否很顺畅地返回其原来位置,如图 3-29 所示。由于开关在柱塞中,如果柱塞无法顺畅地返回其原始位置,开关的接触将变差,因此无法打开/关闭起动机。如果柱塞的运行不正常,应更换电磁起动机开关总成。

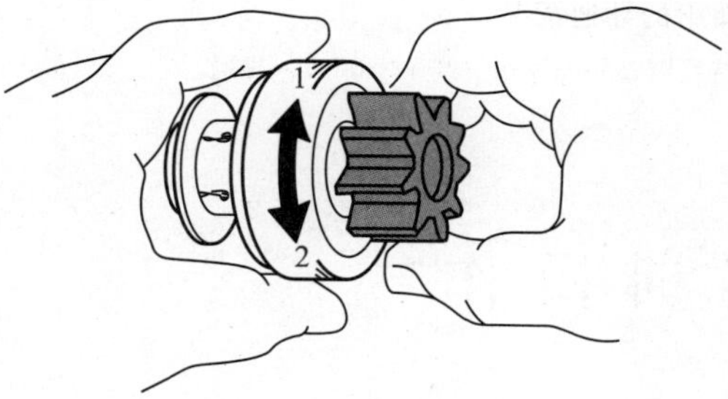

图 3-28　检查起动机离合器

1—自由;2—闭锁

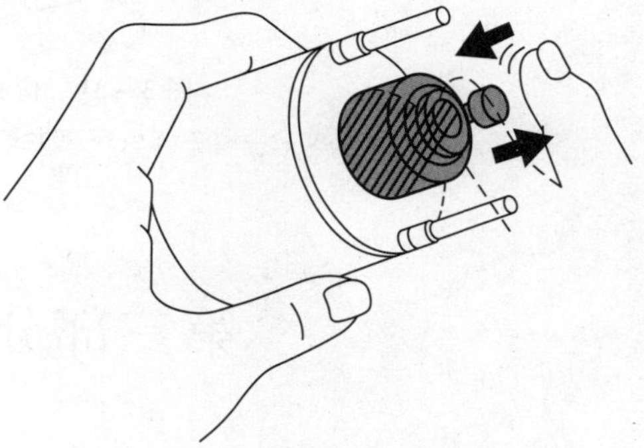

图 3-29　检查柱塞

2) 检查电磁起动机开关的导通情况,如图 3-30 所示。用万用表测量端子"50"和端子"C"之间的导通情况(吸拉线圈的导通检查)。如果吸拉线圈正常,则两个端子之间为导通。如果吸拉线圈断开,则柱塞无法被吸动。

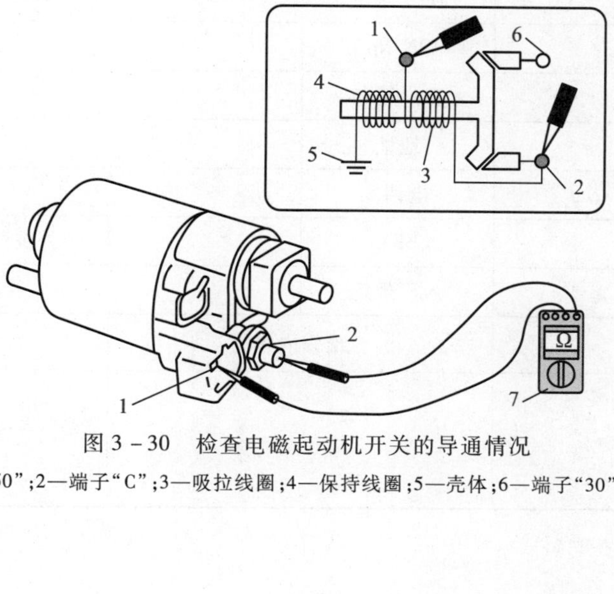

图 3-30　检查电磁起动机开关的导通情况

1—端子"50";2—端子"C";3—吸拉线圈;4—保持线圈;5—壳体;6—端子"30";7—导通

3）检查端子“50”和开关壳体之间的导通情况（保持线圈中的导通检查），如图3－31所示。如果保持线圈正常，则端子“50”和开关壳体之间为导通。如果保持线圈断开，可牵引柱塞，但无法保持，因此小齿轮反复伸出和返回。

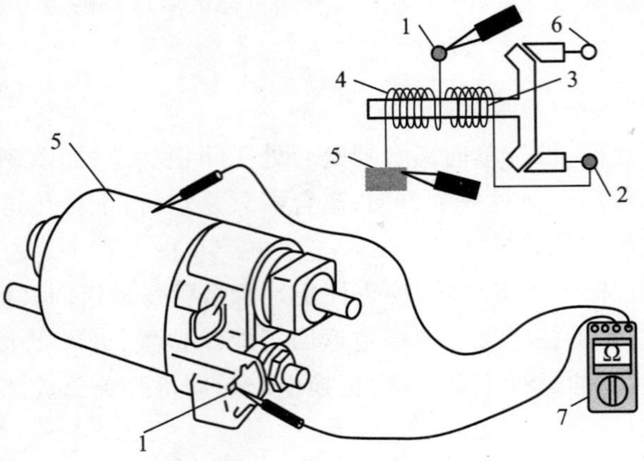

图3－31 检查保持线圈中的导通情况

1—端子“50”；2—端子“C”；3—吸拉线圈；4—保持线圈；5—壳体；6—端子“30”；7—导通

第三部分 实训操作

1. 接受任务

在汽修厂或生产性实习基地，熟悉修理工作环境，接受本项目工作任务，填写检修任务单（表3－1）。

表3－1 检修任务单

任务组长		任务描述			
车牌号		VIN No.			
客户ID		客户姓名			
邮政编码		地址			
电话1		电话2			
车型		SFX		外观颜色	
上次行驶里程		入厂规定			
委托事项		维修内容		必要零件	

2. 从汽车上拆下起动机

当确定起动机故障时一般应更换起动机，分析实习车辆起动机更换技术要求，决策起动机拆下方案。

(1) 写出从汽车上拆下起动机的检修计划

(2) 记录操作步骤并分析

表 3－2 所示为起动机拆下记录表。

表 3－2　起动机拆下记录表

序号	作业内容	操作工具	操作是否正确	备注
1	断开蓄电池负极电缆			
2	拆卸起动机电缆			与蓄电池之间
3	断开插接器			
4	拆下起动机安装螺栓			
5	取下起动机			

3. 起动机的拆卸

按照工艺要求，决策起动机拆卸方案。

(1) 写出起动机解体的计划

(2) 记录操作步骤并检查操作结果

表 3－3 为起动机拆卸记录表。

表 3－3　起动机拆卸记录表

序号	作业内容	操作工具	操作是否正确	备注
1	拆下起动机开关总成			
2	拆卸起动机磁轭总成			
3	拆卸起动机电刷弹簧			
4	拆卸起动机离合器			
5	将起动机零部件顺序排放			

4. 起动机零部件检修

按照工艺要求，决策起动机零部件检修方案。

(1) 制订起动机零部件检修计划。

(2) 记录检修数据并分析

表 3－4 为起动机检修记录表。

表 3－4　起动机检修记录表

序号	作业内容	测量数据	检修情况	备注
1	检查起动机电枢总成			
2	检查起动机励磁线圈			
3	检修起动电刷			
4	检修起动机离合器			
5	检修起动机电磁开关			

5. 任务完成情况评估

任务实施结果	
自我评估	
组长评估	
指导教师评估	

6. 任务完成情况总结

项目二

起动机的装配与试验

第一部分　实训组织

一、实训目的与要求

1. 能够进行丰田起动机的装配。
2. 能够进行丰田起动机的试验和检查。
3. 正确操作举升机，实习时举升机应由专人操作，防止误操作伤人。

二、安全与环保教育

1. 实习轿车使用前的安全教育，特别是防止发生人身伤害事故。
2. 按照规范操作实习车辆和电器实验台，以防教学设备被损坏。

三、实训设备及工具

1. 实训用捷达轿车一辆。
2. 实训用起动机若干台。
3. 万用表、汽车电工工具。

四、实训步骤与方式

项目	学时分配	教学方式(建议)
课前准备	课余	预习教材，查阅资料。
教师讲授	1学时	轿车起动机的应用与结构，起动机检测和实验方法。
实训操作	5学时	起动机的装配和试验。

第二部分 实训内容

1. 起动机的组装

(1) 安装起动机总成,如图 3－32 所示

安装步骤如下:

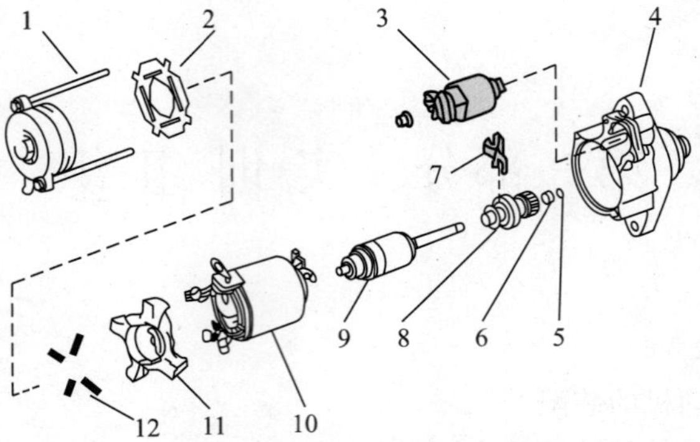

图 3－32 安装起动机离合器分总成

1—端盖;2—板;3—电磁起动开关;4—起动机外壳;5—卡环;6—止动环;7—驱动杆;8—起动离合器;9—起动机电枢总成;10—起动机磁轭;11—电刷座绝缘体;12—电刷弹簧

1) 安装起动机离合器分总成,如图 3－32 中的卡环、止动环、起动离合器。

2) 安装起动机电枢总成,如图 3－32 中的起动机电枢总成。

3) 安装起动机电刷弹簧,如图 3－32 中的板、电刷座绝缘体、电刷弹簧。

4) 安装起动机磁轭总成,如图 3－32 中的端盖、起动机外壳、起动机磁轭。

5) 安装电磁起动机开关总成,如图 3－32 中的电磁起动开关、驱动杆。

(2) 安装起动机离合器分总成

1) 在起动机离合器花键上涂一些润滑脂,如图 3－33 所示。

2) 将起动机离合器安装到电枢轴上,如图 3－34 所示。

3) 将止动环安装到轴上,较小的内径应指向下方,如图 3－35 所示。

4) 将卡环对齐轴上的凹槽,用台钳拧紧,将其固定在轴上,如图 3－36 所示。

5) 抬起起动机离合器,将其保持在该位置,然后用塑料锤敲打轴,将卡环装入止动环中,如图 3－37 所示。

(3) 安装起动机电刷弹簧

1) 将起动机电枢总成安装在起动机磁轭上,用台钳固定住夹在两块铝板或布之间的电枢轴,如图 3－38 所示。

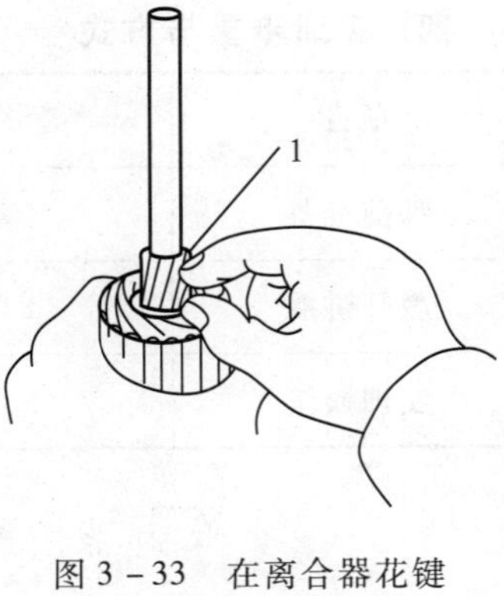

图 3－33 在离合器花键上涂润滑脂

1—润滑脂

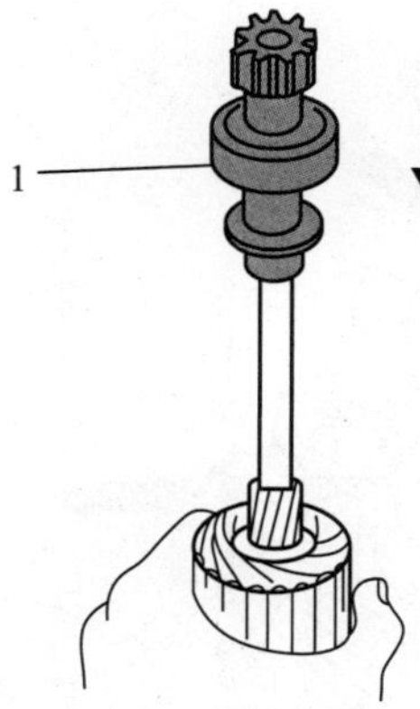

图 3－34 将起动机离合器安装到电枢轴上
1—单向离合器

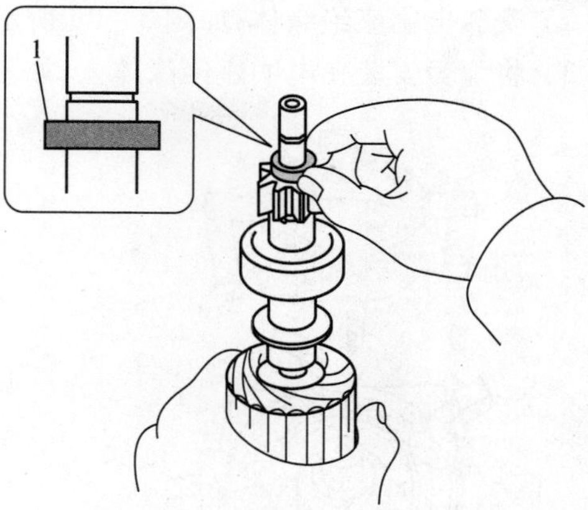

图 3－35 将止动环安装到轴上
1—止动环

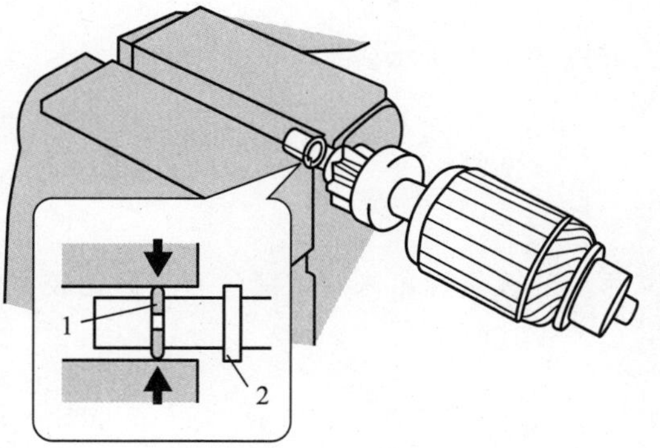

图 3－36 将卡环固定在轴上
1—卡环;2—止动环

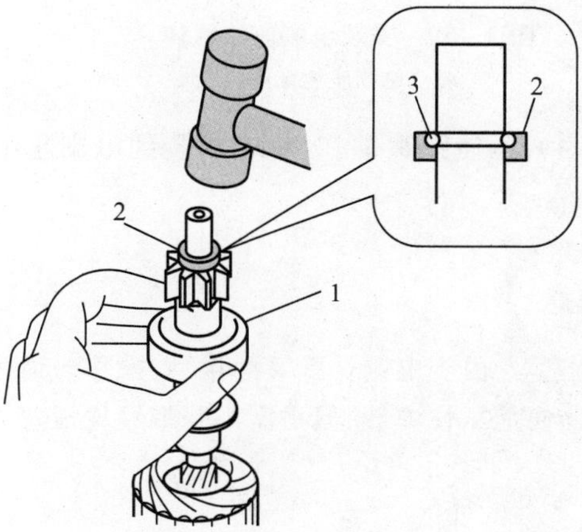

图 3－37 将卡环装入止动环中
1—起动机离合器;2—止动环;3—卡环

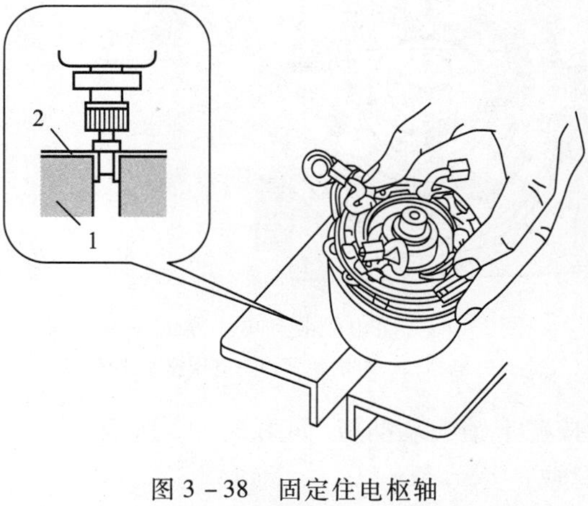

图 3－38 固定住电枢轴
1—台钳;2—铝板

2）安装电刷座绝缘体，如图 3－39 所示。

3）将弹簧安装在电刷座绝缘体上，如图 3－40 所示。

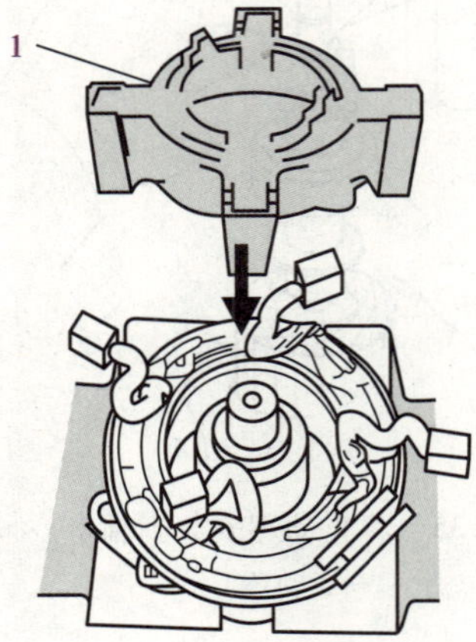

图 3－39 安装电刷座绝缘体

1—电刷座绝缘体

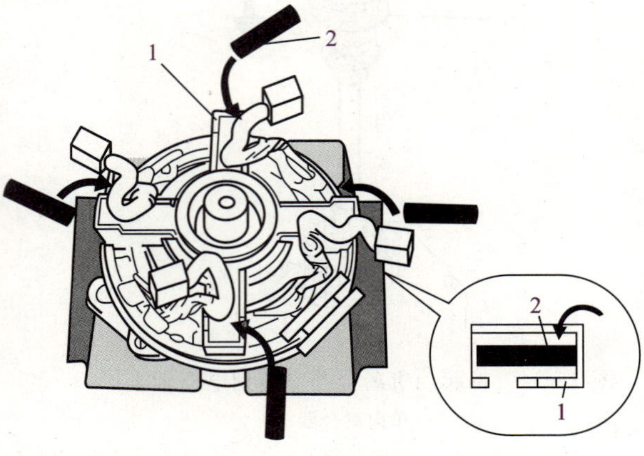

图 3－40 将弹簧安装在电刷座绝缘体上

1—电刷座绝缘体；2—电刷弹簧

4）压住弹簧，同时将电刷装到电刷座绝缘体上，如图 3－41 所示。

注意

由于电刷受弹簧的推动，操作时请务必小心，不要让弹簧弹出来。用螺丝刀可以比较方便地压住弹簧，但是需用胶带缠绕螺丝刀的顶端。

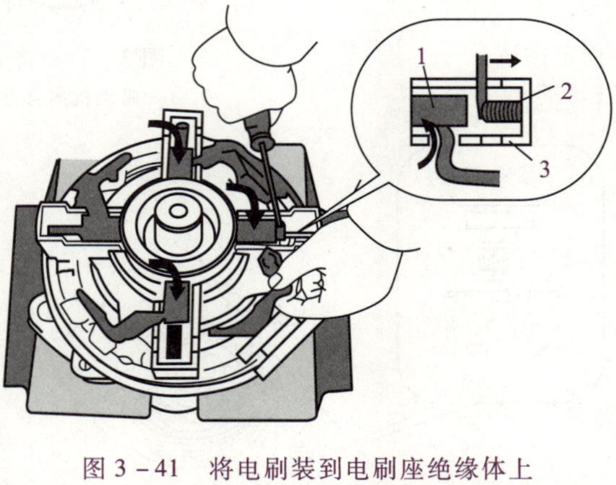

图 3－41 将电刷装到电刷座绝缘体上

1—电刷；2—电刷弹簧；3—电刷座绝缘体

5）安装挡板。用手指按住卡销安装挡板，如图 3－42 所示。

（4）安装起动机磁轭总成

如图 3－43 所示，安装步骤如下：

1）在驱动杆和起动机离合器互相接触的部位涂一些润滑脂。

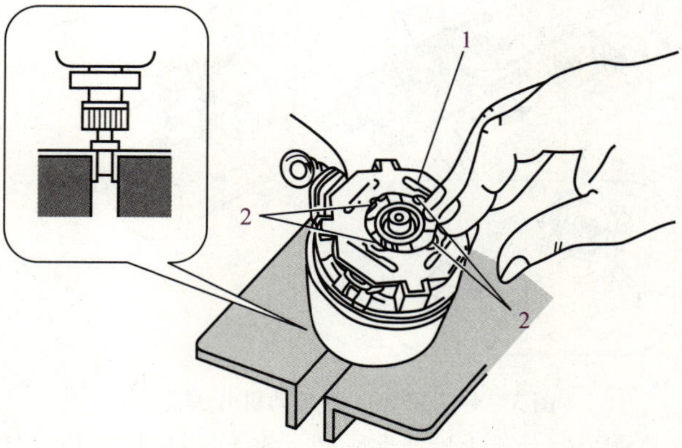

图 3－42　安装挡板

1—挡板；2—卡销

2）将驱动杆放到轴上。

3）拧紧两个螺栓，将换向器端盖和磁轭安装到起动机外壳上。

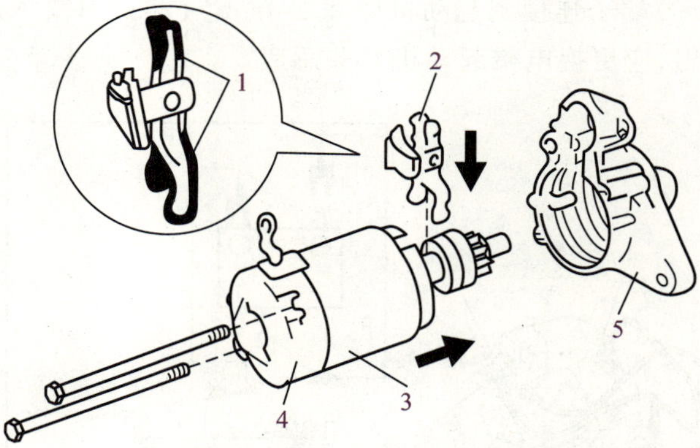

图 3－43　安装起动机磁轭总成

1—润滑脂；2—驱动杆；3—起动机磁轭；4—端盖；5—起动机外壳

（5）安装电磁起动机开关总成

如图 3－44 所示，安装步骤如下：

1）将柱塞钩钩到驱动杆上，然后用两个螺栓将电磁起动机开关安装到起动机外壳上。

2）连接引线。

2. 起动机的测试

检查起动机操作时可直接用蓄电池供电，然后检查起动机的各项功能。

注意

用蓄电池给起动机长时间供电会烧坏线圈，因此每次检查的时间应限定为 3～5s。

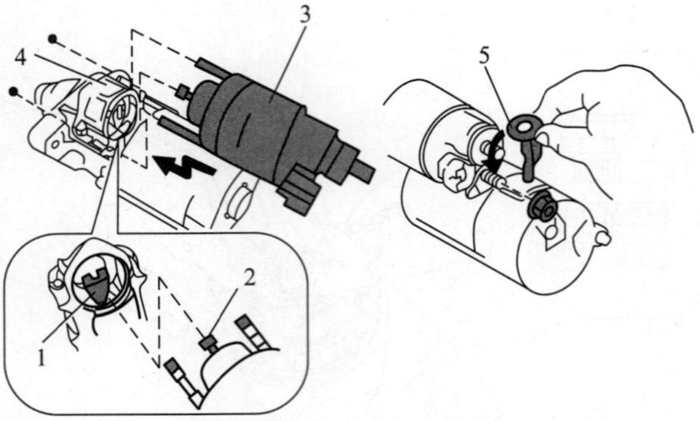

图 3－44 安装电磁起动机开关总成

1—驱动杆；2—柱塞钩；3—电磁起动机开关；4—起动机外壳；5—引线

(1) 牵引测试

牵引测试用于检查电磁起动机开关是否正常。测试方法如图 3－45 所示。

1) 为防止起动机转动，从端子“C”断开励磁线圈引线。

2) 将蓄电池正极(＋)端子连接到端子“50”上。

3) 将蓄电池负极(－)端子连接到起动机体和端子“C”(测试引线 A)上，检查小齿轮是否露出。如果小齿轮没有伸出，应更换电磁起动机开关总成。

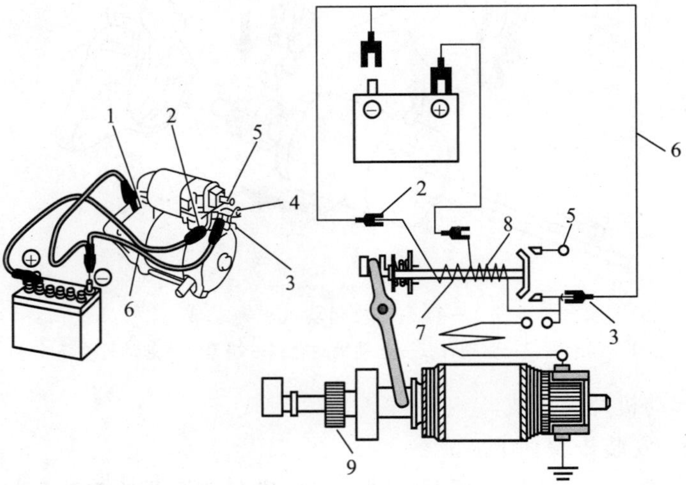

图 3－45 牵引测试

1—起动机壳体；2—端子“50”；3—端子“C”；4—励磁线圈引线；5—端子“30”；
6—测试引线 A；7—保持线圈；8—吸引线圈；9—小齿轮

(2) 保持测试

保持测试的目的是检查保持线圈是否正常。测试方法如图 3－46 所示。

1) 牵引测试之后，当小齿轮伸出时，从端子“C”断开测试引线 A。

2) 检查小齿轮是否保持伸出状态。

断开测试引线 A(该引线连接蓄电池负极端子和端子“C”)，从端子“C”断开流入吸引线圈的电流，让电流仅流入保持线圈。如果小齿轮无法保持伸出状态，请更换电磁起动机开关总成。

（3）检查小齿轮间隙

在保持测试状态下，测量小齿轮和止动环之间的间隙。如果间隙超出规定值范围，则更换电磁起动机开关总成。测量方法如图 3-47 所示。

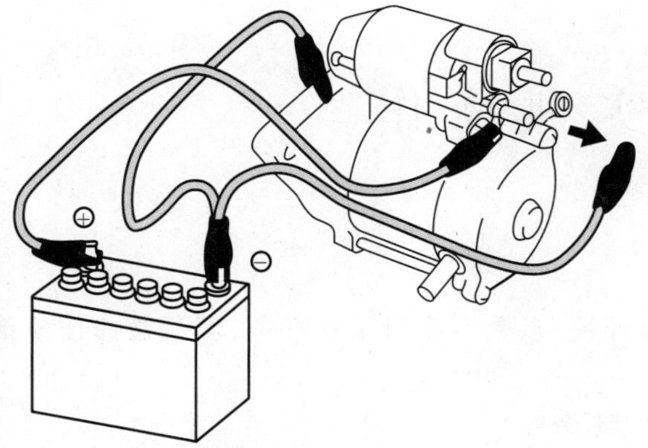

图 3-46　保持测试

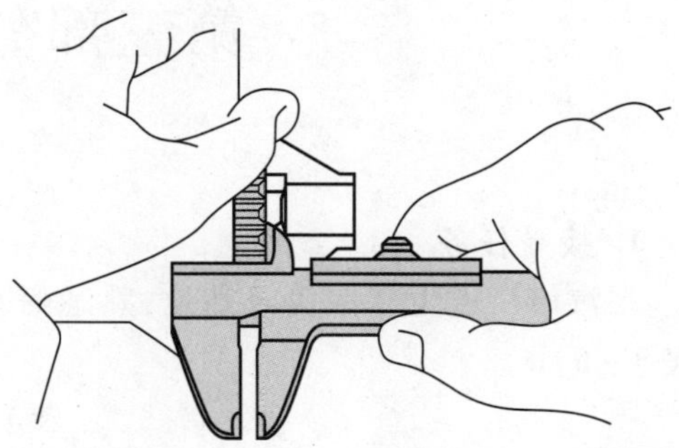

图 3-47　检查小齿轮间隙

（4）小齿轮回位测试

1）保持测试后当小齿轮伸出时，从起动机壳体断开接地线，如图 3-48 所示。

2）确认小齿轮返回其原始位置。如果小齿轮未返回其原始位置，则更换电磁起动机开关总成。

（5）无负荷测试

无负荷测试用于检查起动机电磁开关的接触点以及换向器和电刷之间的接触状况。测试方法如图 3-49 所示。

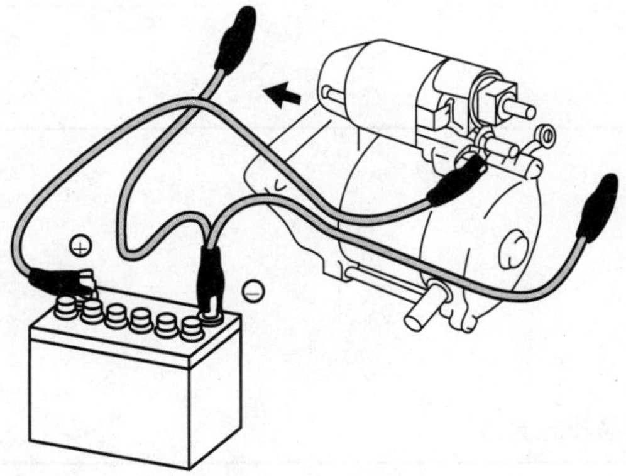

图 3-48　小齿轮回位测试

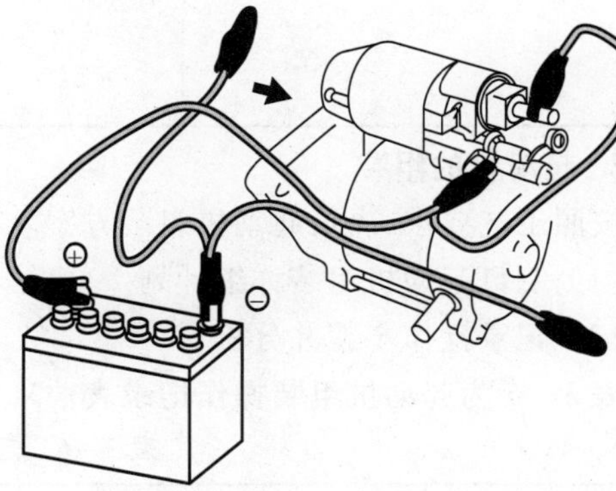

图 3-49　无负荷测试

1）用台钳固定住夹在铝板或者布之间的起动机。

2）将拆下的励磁线圈引线连接到端子“C”。

3）将蓄电池正极（+）端子连接到端子“30”和端子“50”上。

4）将测试仪连接在蓄电池正极（+）端子和端子“30”之间。

5）将蓄电池负极（–）端子连接到起动机壳体上，然后转动起动机。

测量流入起动机的电流。规定电流：一般低于50A，但电流值会随起动机电机的不同而不同，有时甚至会用到200～300A的电流。可预先查阅维修手册，务必使用容量足够大的电流表和引线。

第三部分 实训操作

1. 接受任务

在汽修厂或生产性实习基地，熟悉修理工作环境，接受本项目工作任务，填写检修任务单（表3–5）。

表3–5 检修任务单

任务组长		任务描述			
车牌号		VIN No.			
客户ID		客户姓名			
邮政编码		地址			
电话1		电话2			
车型		SFX		外观颜色	
上次行驶里程		入厂规定			
委托事项		维修内容		必要零件	

2. 起动机的组装

按照工艺要求，决策起动机组装方案。

（1）制订起动机组装详细计划

（2）记录操作步骤并分析

表3–6为起动机组装操作记录表。

表3–6 起动机组装操作记录表

序号	作业内容	操作工具	操作是否正确	备注
1	安装起动机离合器分总成			
2	安装起动机电枢总成			
3	安装起动机电刷弹簧			
4	安装起动机磁轭总成			
5	安装电磁起动机开关总成			

3. 起动机的安装

按照工艺要求,将起动机安装在汽车上,决策安装方案。

(1) 制订起动机安装详细计划

(2) 记录操作步骤并分析

表3-7为起动机安装记录表。

表3-7　起动机安装记录表

序号	作业内容	操作工具	操作是否正确	备注
1	起动机安装到位			
2	拧紧起动机安装螺栓			
3	插上插接器			
4	连接起动机电缆			与蓄电池之间
5	连接蓄电池负极电缆			

4. 起动机的测试

按照要求直接用蓄电池供电检查起动机的各项功能,决策起动机测试方案。

(1) 制订起动机检测计划

(2) 记录检查数据并分析

表3-8为起动机测试操作记录表。

表3-8　起动机测试操作记录表

序号	作业内容	测试结果	是否符合要求	备注
1	吸引线圈测试			
2	保持线圈测试			
3	小齿轮间隙检查			
4	小齿轮回位测试			
5	无负荷测试			

5. 任务完成情况评估

任务实施结果	
自我评估	
组长评估	
指导教师评估	

6. 任务完成情况总结

项目三

汽车起动系统故障诊断与排除

第一部分　实训组织

一、实训目的与要求

1. 能够正确进行轿车的起动操作。
2. 能够利用捷达轿车线路图制订起动机不工作维修计划。
3. 能够进行起动机的就车检查。
4. 能够排除捷达轿车不起动故障。

二、安全与环保教育

1. 实习轿车使用前的安全教育，特别是防止发生人身伤害事故。
2. 按照规范操作实习车辆和电器实验台，以防教学设备被损坏。
3. 无驾驶资格的学员必须在举升机上进行轿车起动操作。

三、实训设备及工具

1. 实训用捷达轿车一辆。
2. 捷达轿车全车线路实验台。
3. 万用表、汽车电工工具。

四、实训步骤与方式

项目	学时分配	教学方式（建议）
课前准备	课余	预习教材，查阅资料。
教师讲授	1 学时	起动机的应用，捷达轿车起动电路识图。
实训操作	3 学时	起动机检查，发动机起动故障诊断与维修。

第二部分　实训内容

各型汽车起动系统常见故障主要有接通起动开关起动机不转、起动机运转无力、起动机空转或驱动齿轮与飞轮齿圈不能啮合、起动机发出“打机枪”似的“哒、哒”声等。

1. 接通起动开关起动机不转

(1) 故障原因

将点火钥匙转到起动挡时,起动机不转的原因有:

1) 蓄电池严重亏电。

2) 蓄电池正、负极柱上的电缆接头松动或接触不良。

3) 电动机开关触点严重烧蚀或两触点高度调整不当而导致触点表面不在同一平面内,使触盘不能将两个触点接通。

4) 换向器严重烧蚀而导致电刷与换向器接触不良。

5) 电刷弹簧压力过小或电刷在电刷架中卡死。

6) 电刷引线断路或绝缘电刷(即正电刷)搭铁。

7) 磁场绕组或电枢绕组有断路、短路或搭铁故障。

8) 电枢轴的铜衬套磨损过多,使电枢轴偏心而导致电枢铁心“扫膛”(即电枢铁心与磁极发生摩擦或碰撞)。

(2) 故障诊断与排除方法

各型汽车起动系统故障的诊断与排除方法基本相同,仅具体线路有所不同。出现起动机不转故障时,首先应检查蓄电池存电情况和导线特别是蓄电池搭铁电缆和相线电缆的连接情况,然后再检查起动机和开关。故障诊断与排除程序如图 3-50 所示,检查与判断方法如下:

1) 接通汽车前照灯或喇叭,若灯发亮或喇叭响,说明蓄电池存电较足,故障不在蓄电池;若灯不亮或喇叭不响,说明蓄电池或电源线路有故障,应检查蓄电池搭铁电缆和相线电缆的连接有无松动以及蓄电池存电是否充足。

2) 如图 3-51 所示,若灯亮或喇叭响,说明故障发生在起动机、开关或控制电路。可用螺丝刀将起动机端子“30”与“C”接通,使起动机空转。若起动机不转,则电动机有故障。若起动机空转正常,说明电磁开关或控制电路有故障。

3) 诊断电动机故障时,可据螺丝刀搭接端子“30”与“C”时产生火花的强弱来辨别。若搭接时无火花,说明磁场绕组、电枢绕组或电刷引线等有断路故障;若搭接时有强烈火花而起动机不转,说明起动机内部有短路或搭铁故障,须拆下起动机进一步检修。

4) 诊断是电磁开关还是控制电路故障时,可用导线将蓄电池正极与电磁开关“50”端子接通(时间不超过 3~5s)。如接通时起动机不转,说明电磁开关故障,应拆下检修或更换电磁开关;如接通时起动机转动,说明端子“50”至蓄电池正极之间线路或点火开关故障。

5) 排除电磁开关端子“50”至蓄电池正极之间线路或点火开关故障时,可用万用表或 12V/

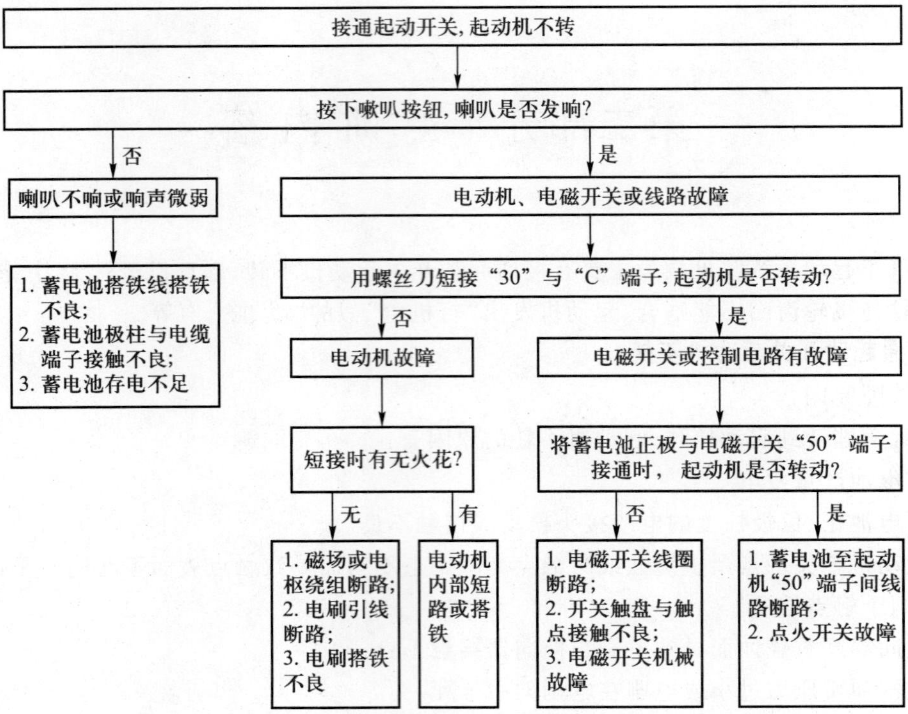

图 3-50　接通起动开关起动机不转故障的诊断

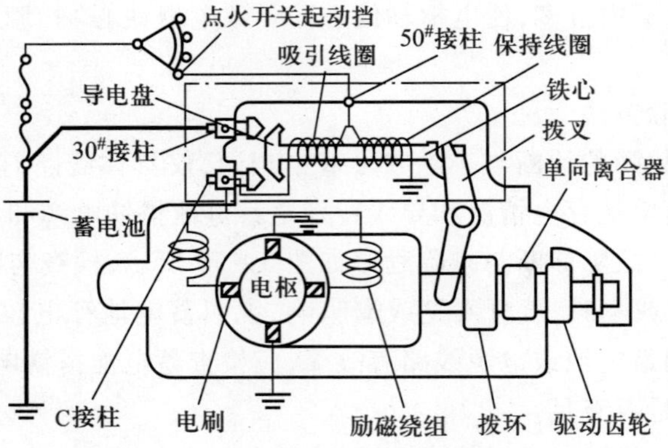

图 3-51　起动机电磁控制电路

2W 试灯逐段进行诊断排除。将试灯一个引线电极搭铁，另一个引线电极接点火开关“30”端子。如试灯不亮，说明蓄电池正极至点火开关间的线路断路；如试灯发亮，说明该段线路良好，继续下述检查。

6）将试灯引线电极接点火开关“50”端子，点火钥匙转到起动位置。如试灯不亮，说明点火开关故障，应予更换；如试灯发亮，说明点火开关良好，故障发生在点火开关“50”端子至起动机“50”端子之间线路故障，逐段检查即可排除。

2. 起动机运转无力

接通起动开关，若起动机能运转，则说明控制电路工作正常。起动机运转无力，说明带负载能力降低，实际输出功率减小。其原因有以下几个方面：

1）蓄电池存电不足或有短路故障使其供电能力降低。

2）电动机主电路接触电阻增大使起动机工作电流减小。接触电阻增大的原因包括：蓄电池搭铁电缆搭铁不实；电池正、负极柱上的电缆端头固定不牢；电动机开关触点与触盘烧蚀；电刷与换向器接触不良；换向器烧蚀等。

3）磁场绕组或电枢绕组局部短路，使起动机输出功率降低。

4）发动机装配过紧或环境温度很低而导致起动阻力矩过大时，也可能出现起动机运转无力的现象。

3. 起动机空转或驱动齿轮与飞轮齿圈不能啮合

1）接通起动开关，起动机空转的原因是：单向离合器打滑，不能传递驱动转矩。更换离合器，故障即可排除。

2）驱动齿轮与飞轮齿圈不能啮合而发出撞击声。起动发动机时，起动机驱动齿轮与发动机飞轮齿圈发生打齿现象的原因有：

① 驱动齿轮轮齿或飞轮齿圈轮齿磨损过甚或损坏。

② 驱动齿轮端面与端盖凸缘间的距离过小。当驱动齿轮与飞轮齿圈尚未啮合或刚刚啮合时，电机主电路就已接通，由于驱动齿轮在高速旋转过程中与静止的飞轮齿圈撞击，因此会发出强烈的打齿声。

4. 起动机发出“打机枪”似的“哒、哒……”声

当接通起动开关时，起动机的活动铁心产生连续不断的往复运动而发出“哒、哒……”声音的现象，称为“打机枪”现象。

（1）故障原因

导致起动机产生“打机枪”现象的原因有：

1）蓄电池严重亏电或内部短路。

2）电磁开关保持线圈断路或搭铁不良。

3）起动继电器触点断开，电压过高。

起动继电器断开电压过高而导致产生“打机枪”现象的原因是：

当断开电压过高时，由于接通起动开关，起动继电器触点闭合，吸引线圈和保持线圈电流接通，其电磁吸力使活动铁心前移将电机主电路接通，因此，蓄电池大量放电，其电压急剧下降。当蓄电池电压降到断开电压时，继电器触点断开，使吸引线圈和保持线圈电流切断，活动铁心复位，电机主电路切断，蓄电池停止大电流放电，其电压迅速回升。与此同时，继电器线圈两端的电压迅速升高，其触点重又闭合，活动铁心重又前移，电机主电路重又接通，蓄电池重又大量放电，电压重又急剧下降。由于继电器断开电压高，因此在起动机尚未转动时，蓄电池作用在继电器线圈两端的电压就迅速降到断开电压，触点重又断开，铁心重又复位。如此重复上述过程，驱动齿轮便周期性地敲击飞轮齿圈而发出“打机枪”似的“哒、哒……”声。

（2）故障排除

排除“打机枪”故障时，可先用万用表检测蓄电池电压。接通起动机时，其电压不得低于9.6V。如电压过低，说明蓄电池严重亏电或内部短路，应予更换新品。如蓄电池技术状况良好，则说明电磁开关保持线圈搭铁不良而断路或起动继电器断开电压过高，分别检修或更换电磁开关,起动继电器即可排除。

5. 起动机线路故障

当起动机不能起动时,如果将点火开关置于起动位置,测量起动机的电磁开关的电位(对地电压)为零,而直接将蓄电池正极与电磁开关连接,起动机起动正常,则为起动机线路故障。

捷达轿车起动线路图见二单元图3-4和3-6所示,检查中央配线盒H/1脚(H插头,红黑线)和F/1脚(F插头,红黑线)电位,如和H/1脚电位为0,则为点火开关故障或线路断路(情况较少)。

第三部分 实训操作

1. 接受任务

在汽修厂或生产性实习基地,熟悉修理工作环境,接受本项目工作任务,填写检修任务单(表3-9)。

表3-9 检修任务单

任务组长		任务描述			
车牌号		VIN No.			
客户 ID		客户姓名			
邮政编码		地址			
电话1		电话2			
车型		SFX		外观颜色	
上次行驶里程		入厂规定			
委托事项		维修内容		必要零件	

2. 起动机不转

起动汽车,确定故障现象,分析故障原因,决策故障诊断方案。

(1) 制订起动机不转的检修计划

(2) 记录检修数据和结果并分析

表3-10所示为起动机不转故障诊断记录表

表 3－10　起动机不转故障诊断记录表

序号	作业内容	测量数据	分析测量结果	备注
1	检验蓄电池放电电压			
2	检查起动电磁开关电压			
3	检查起动机控制电路			（线路故障）
4	短接起动电磁开关			
5	确定是否拆卸起动机			

3. 起动机运转无力

起动汽车，确定故障现象，分析故障原因，决策故障诊断方案。

（1）制订起动机运转无力检修计划

（2）记录检修数据和结果并分析

表 3－11 为起动机运转无力故障诊断记录表

表 3－11　起动机运转无力故障诊断记录表

序号	作业内容	测量数据	分析测量结果	备注
1	检验蓄电池放电电压			
2	检查起动机控制电路			
3	检查起动电磁开关			
4	检查起动机主供电电路			
5	确定是否拆卸起动机			

4. 起动机空转

起动汽车，确定故障现象，分析故障原因，决策故障诊断方案。

（1）制订起动机空转检修计划

（2）检查记录并分析

表 3－12 为起动机空转故障诊断记录表。

表 3－12　起动机空转故障诊断记录表

序号	作业内容	测量数据	分析测量结果	备注
1	检查起动机外部电路			
2	检查起动机驱动齿轮			
3	检查起动电磁开关			
4	检查起动机的安装			
5	检查起动机的传动机构			

5. 任务完成情况评估

任务实施结果	
自我评估	
组长评估	
指导教师评估	

6. 任务完成情况总结

第四单元

汽车灯光系统故障检修

项目一

轿车灯光的拆卸与调整

第一部分　实训组织

一、实训目的与要求

1. 会正确操作轿车的各种灯光设备。
2. 会识别各种不同车型的灯光设备，并指出它们的特点。
3. 能够正确进行灯光系统的拆卸与安装。

二、安全与环保教育

1. 拆卸前，将灯具表面擦拭干净，检查灯具外观是否存在破损。
2. 拔出汽车钥匙，切断汽车电源。
3. 操作时，注意灯具周围汽车表面的防护，以免灯具周边面漆受损。

三、实训设备及工具

1. 实习汽车1辆。
2. 照明系统元器件若干、万用表和汽车电工工具若干。

四、实训步骤与方式

项目	学时分配	教学方式（建议）
课前准备	课余	预习教材，查阅资料。
教师讲授	1学时	重点讲授汽车灯具的应用、结构。示范拆卸、安装前照灯的方法。
实训操作	3学时	使用工具拆卸前照灯，使用工具安装前照灯。练习辅助灯具拆装。

第二部分　实训内容

为了使汽车外形美观，目前各种汽车普遍采用组合式照明灯，将照明系统和信号系统合为一体，一般统称为灯光系统。

1. 前照灯构造

轿车的前照灯组合了前照灯、驻车灯、雾灯、转向信号灯等灯具，如图 4－1 所示。

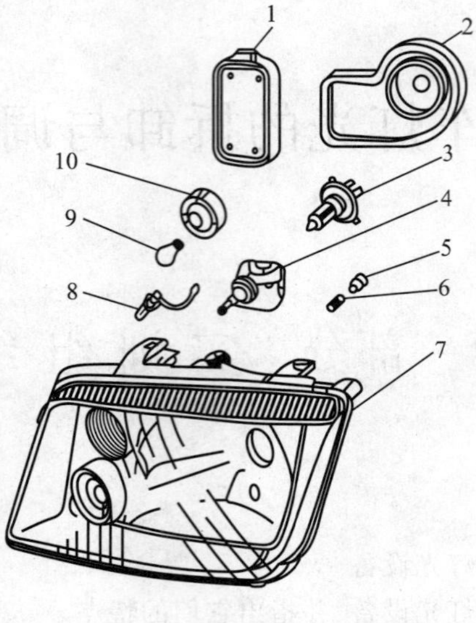

图 4－1 前照灯示意图

1—盖罩；2—盖罩；3—远光灯和近光灯；4—前照灯照程调节电机；5—驻车灯灯座；6—驻车灯灯泡；7—灯壳体；8—雾灯灯泡；9—转向灯灯泡；10—转向灯灯座

2. 前照灯灯泡的更换

（1）更换前照灯近光灯灯泡和远光灯灯泡

首先松开图 4－2 中箭头所示的弹性夹子，取下密封盖，拔下灯泡供电插头 1（图 4－3），通过凸起 3 压下并松开弹性卡夹。从反光镜上拉出灯泡 4，装上新灯泡。

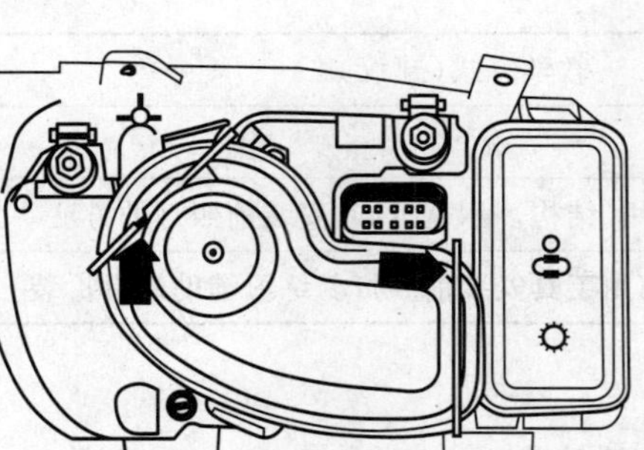

图 4－2 松开弹性卡夹

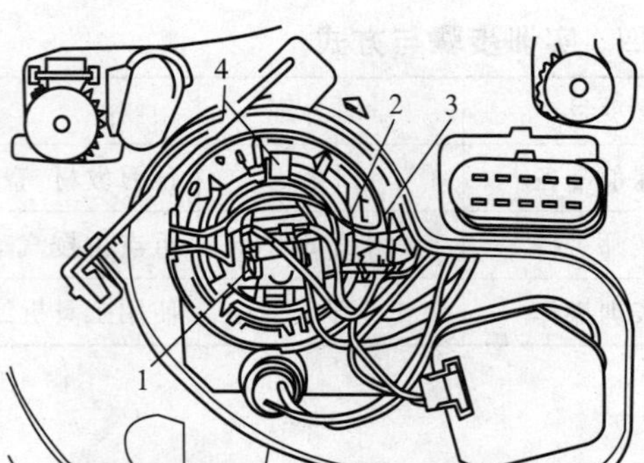

图 4－3 更换远光灯和近光灯灯泡

1—供电插头；2—弹性卡子；3—凸起；4—灯泡

注意

安装时不要触摸灯泡玻璃，使凸起卡入反光镜的凹槽内，插上插头 1，装上密封盖。装上新灯泡后，检查前照灯的功能。

（2）更换驻车灯灯泡

松开弹性卡夹，取下密封盖，从反光镜上拉出灯座插头（图 4－4 中箭头所示）。更换灯泡后将灯座和灯泡一起压入反光镜，压至止点位置，装上密封盖。装上新灯泡后，检查前照灯的功能。

（3）更换前转向灯灯泡

首先松开并取下图 4－5 中箭头所指的密封盖，逆时针转动图 4－6 中箭头所指示的灯座，将灯座从壳体中拉出，从灯座上取下灯泡，装上新灯泡，按与拆卸相反的顺序装好。

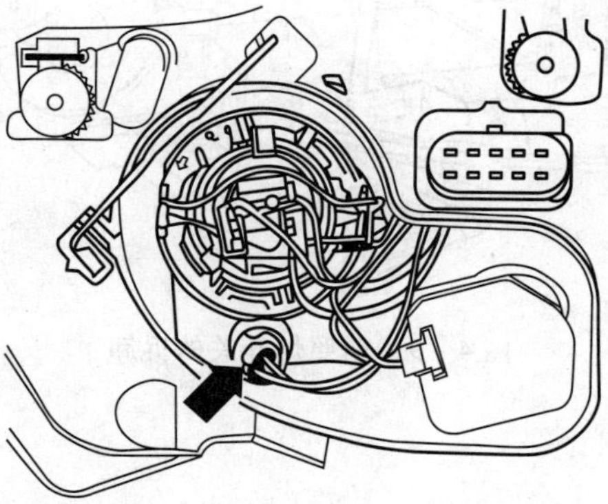

图 4－4　更换驻车灯灯泡

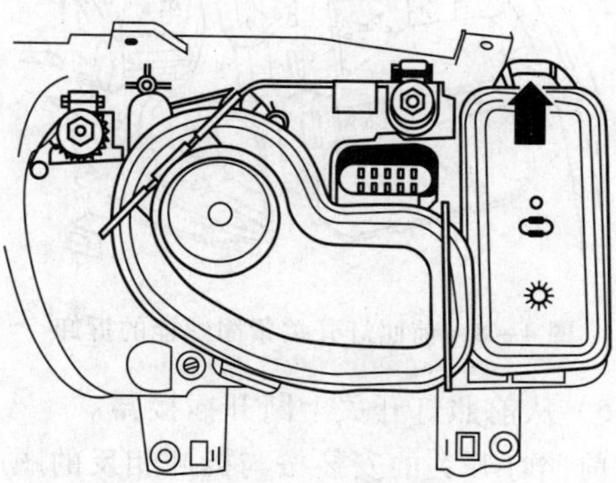

图 4－5　更换转向灯灯泡

（4）更换雾灯灯泡

首先松开并取下密封盖，如图 4－7 所示，拔下灯泡的供电插头 1，通过凸起 3 压下并松开弹性卡夹 2，从反光镜上拉下灯泡 4，装上新灯泡，使凸起卡入反光镜的凹槽内，插上供电插头 1，装上密封盖。装上新灯泡后，检查前照灯的功能。

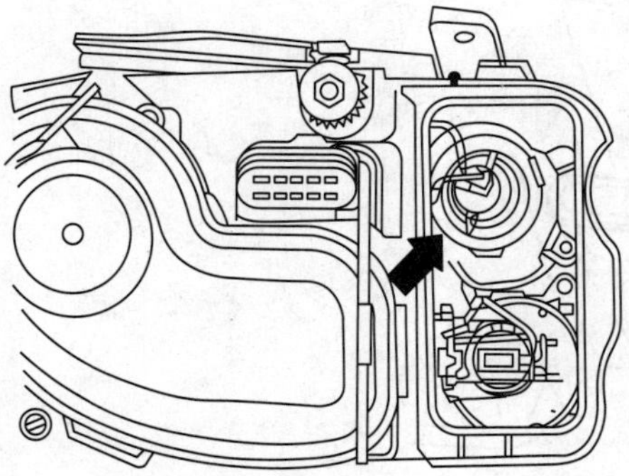

图 4－6　旋转转向灯灯座

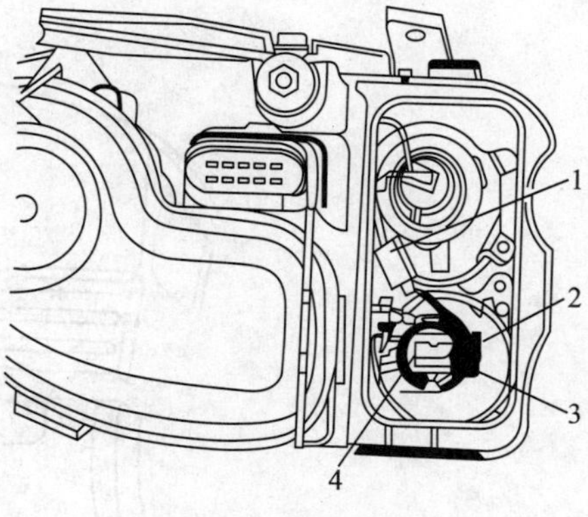

图 4－7　更换雾灯灯泡

1—供电插头；2—弹性卡夹；3—凸起；4—灯泡

3. 灯光系统的拆装

下面以上海别克轿车为例，简要地介绍一下灯光系统的拆装，其他车型可参考进行。

(1) 前照灯开关的拆装

前照灯开关的拆卸步骤如下：

1) 必要时可用塑料平刃工具作为辅助工具，在靠近开口盖外侧，向后拉左侧仪表板连接部，松开固定夹。

2) 从铰链轴后部，松开左仪表板通道盖板前缘并拆卸盖板。

3) 如图 4 - 8 所示，拆卸前照灯开关紧固螺栓。

4) 如图 4 - 9 所示，从仪表板上小心拉出前照灯开关外侧，以维修插接器。

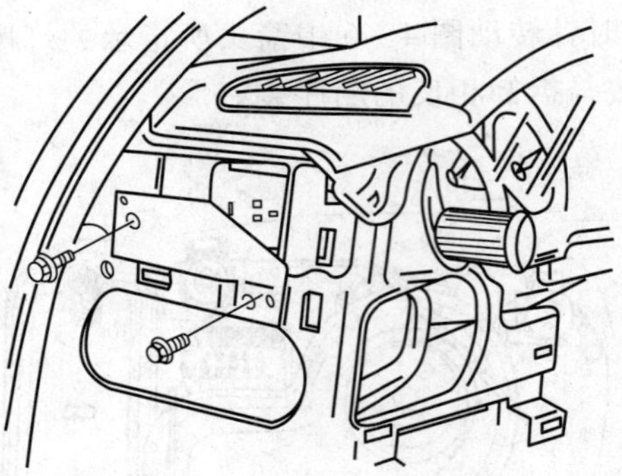

图 4 - 8　前照灯开关紧固螺栓的拆卸

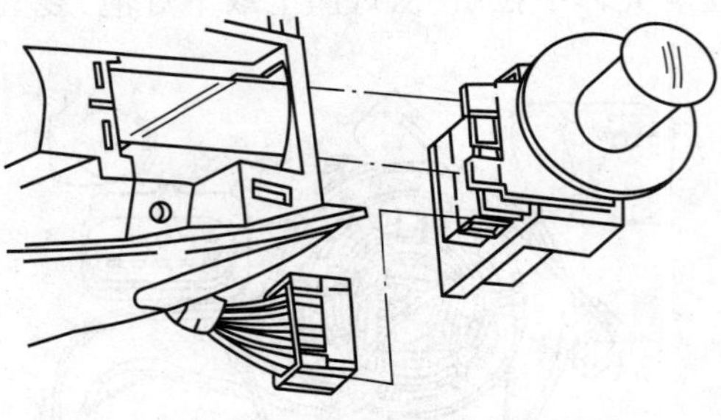

图 4 - 9　前照灯开关的拆卸

5) 从前照灯开关上断开插接器。

前照灯开关的安装按与拆卸相反的顺序进行。

(2) 雾灯开关的拆装

1) 拆卸左侧仪表板绝缘体。

2) 拆卸转向柱，开启衬垫板。

3) 如图 4 - 10 所示，断开雾灯开关插接器。

4) 按压并松开开关固定凸耳，从转向柱衬垫板上拆下雾灯开关。

雾灯开关的安装按与拆卸相反的顺序进行。

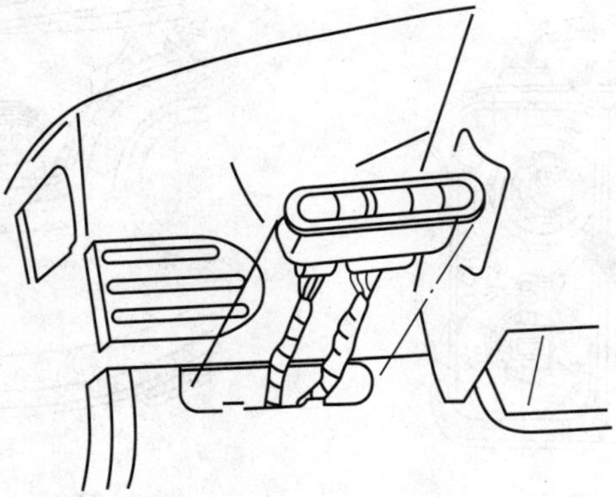

图 4 - 10　雾灯开关的拆卸

(3) 前照灯控制模块的拆装

前照灯控制模块的拆卸步骤如下：

1) 断开蓄电池负极拉线。

2) 拆卸左侧仪表板绝缘体。

3) 断开前照灯控制模块上的插接器。

4) 如图 4－11 所示，松开固定凸耳并从车身控制模块支架上向下退出前照灯模块并拆卸。

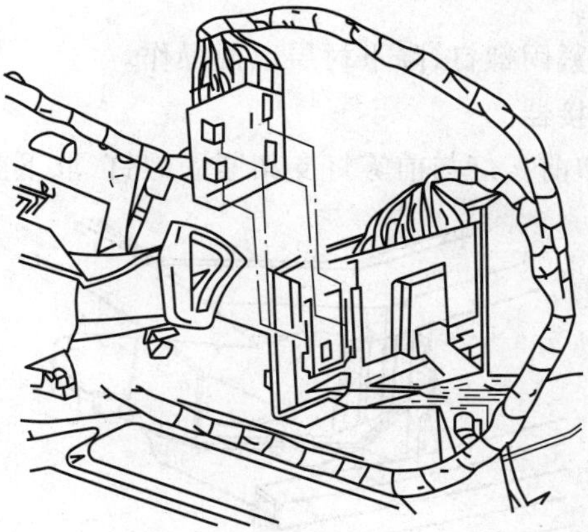

图 4－11　前照灯控制模块的拆卸

前照灯控制模块的安装按与拆卸相反的顺序进行。

(4) 前照灯总成的拆装

前照灯总成的拆卸步骤如下：

1) 掀开发动机罩。

2) 如图 4－12 所示，拆卸固定夹。拆卸时在前照灯罩上轻轻用力，以保持前照灯总成的位置，提起固定夹使其松开，然后拆下。

3) 从上保险杠支架和翼子板加强件的槽中，小心拆卸前照灯总成安装凸耳。

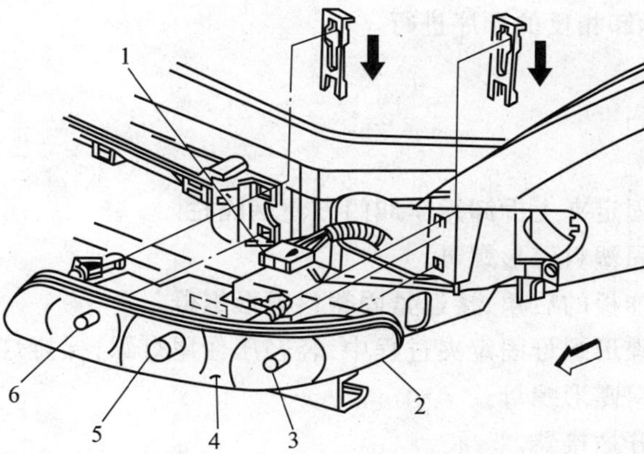

图 4－12　前照灯总成的拆卸

1—前照灯电器插头；2—侧灯；3—转向信号灯；4—位置指示灯；5—前照灯；6—前照灯近光

4）断开前照灯总成上的插接器，拆卸前照灯总成。

前照灯的安装按与拆卸相反的顺序进行。

（5）前雾灯的拆卸

前雾灯的拆卸步骤如下：

1）升起车辆，使车轮和轮胎总成离开地面。

2）向相应的一侧旋转转向盘，以露出拆卸部位。

3）安全升起并支撑车辆。

4）拆卸翼子板衬层前部紧固螺钉，降下衬层以便操作。

5）从雾灯总成上断开插接器。

6）如图4－13所示，拆卸前雾灯与前雾灯支架紧固螺钉，取下前雾灯。

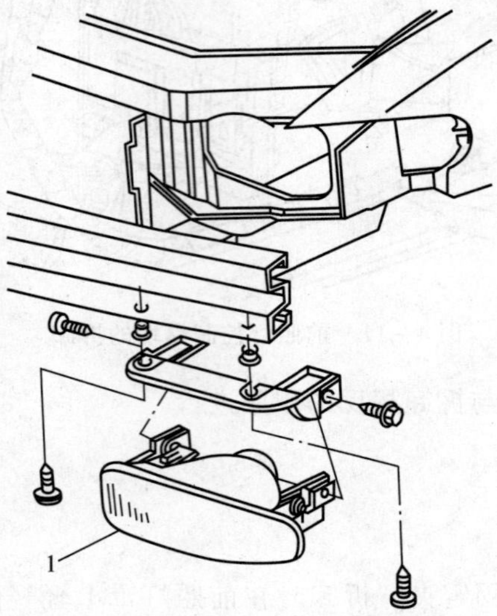

图4－13 前雾灯的拆卸

1—前雾灯

前雾灯的安装按与拆卸相反的顺序进行。

（6）尾灯的更换

尾灯的拆卸步骤如下：

1）打开行李厢门。

2）从塑料碟形螺母固定夹上拆卸行李厢门方便网隔栏。

3）拆卸可见尾灯紧固塑料碟形螺母。

4）向后拉行李厢装饰板的后角，接近紧固塑料碟形螺母。

5）在拆卸紧固塑料碟形螺母固定夹过程中，轻轻压住尾灯罩，保持灯的位置。

6）拆卸尾灯紧固塑料碟形螺母。

7）从尾灯总成上断开插接器。

8）从后车身衬板上小心拆卸尾灯总成并支撑。

9）从后车身衬板上松开尾灯总成线束密封圈。

尾灯的安装按与拆卸相反的顺序进行。

第三部分　实训操作

1. 接受任务

在汽修厂或生产性实习基地，熟悉修理工作环境，并接受本项目工作任务，填写检修任务单(表4-1)。

表4-1　检修任务单

<table>
<tr><td>任务组长</td><td></td><td>任务描述</td><td colspan="3"></td></tr>
<tr><td>车牌号</td><td></td><td>VIN No.</td><td colspan="3"></td></tr>
<tr><td>客户 ID</td><td></td><td>客户姓名</td><td colspan="3"></td></tr>
<tr><td>邮政编码</td><td></td><td>地址</td><td colspan="3"></td></tr>
<tr><td>电话 1</td><td></td><td>电话 2</td><td colspan="3"></td></tr>
<tr><td>车型</td><td></td><td>SFX</td><td></td><td>外观颜色</td><td></td></tr>
<tr><td>上次行驶里程</td><td></td><td>入厂规定</td><td colspan="3"></td></tr>
<tr><td colspan="2">委托事项</td><td colspan="2">维修内容</td><td colspan="2">必要零件</td></tr>
<tr><td colspan="2"></td><td colspan="2"></td><td colspan="2"></td></tr>
</table>

2. 灯光系统的应用与操作

起动汽车，操作灯光系统，熟悉灯光系统的应用。

(1) 制订灯光系统的操作计划

(2) 检验记录灯光情况并分析

表4-2为灯光系统检验记录表。

表4-2　灯光系统检验记录表

序号	检验内容		灯光情况	是否正常	备注
1	前照灯电阻	远光			
		近光			
2	各小灯				
3	雾灯电阻	前雾灯			
		后雾灯			

续表

序号	检验内容			灯光情况	是否正常	备注
4	灯光实车操作	小灯	ON			
			OFF			
		前照灯	ON			
			OFF			
5	变光操作	远光				
		近光				
		超车				
6	转向警告灯操作	转向灯				
		警告灯				
7	雾灯操作	ON				
		OFF				

3. 灯光系统拆卸与检查

按照工艺要求拆卸各灯光，决策拆卸方案。

（1）制订灯光系统的详细拆卸计划

（2）记录拆卸和检查步骤并分析

表 4－3 为灯光拆卸和检查记录表。

表 4－3 灯光拆卸和检查记录表

序号	作业内容	操作工具	操作是否正确	备注
1	拆卸前照灯			
2	拆卸前照灯开关			
3	拆卸前后小灯			
4	拆卸雾灯和牌照灯			
5	拆卸转向灯			
6	拆卸顶灯、车门灯和行李厢灯			

4. 灯光系统安装与调整

按照工艺要求安装各个灯光，决策安装和调整方案。

（1）制订灯光系统安装和调整详细计划

（2）记录安装和调整方案步骤并分析

表 4－4 为灯光安装和调整记录表。

表 4－4　灯光安装和调整记录表

<table>
<tr><th>序号</th><th colspan="2">作业内容</th><th>操作工具</th><th>操作是否正确</th><th>备注</th></tr>
<tr><td>1</td><td colspan="2">安装前照灯</td><td></td><td></td><td></td></tr>
<tr><td>2</td><td colspan="2">安装转向灯</td><td></td><td></td><td></td></tr>
<tr><td>3</td><td colspan="2">安装前后小灯</td><td></td><td></td><td></td></tr>
<tr><td>4</td><td colspan="2">安装车灯开关</td><td></td><td></td><td></td></tr>
<tr><td>5</td><td colspan="2">安装雾灯开关</td><td></td><td></td><td></td></tr>
<tr><td rowspan="3">6</td><td>检查小灯工作情况</td><td></td><td></td><td></td><td></td></tr>
<tr><td rowspan="2">检查前照灯工作情况</td><td>远光</td><td></td><td></td><td></td></tr>
<tr><td>近光</td><td></td><td></td><td></td></tr>
<tr><td>7</td><td colspan="2"></td><td></td><td></td><td></td></tr>
<tr><td>8</td><td colspan="2">检查雾灯工作情况</td><td></td><td></td><td></td></tr>
<tr><td>9</td><td colspan="2">检查超车变光</td><td></td><td></td><td></td></tr>
<tr><td>10</td><td colspan="2">检查转向灯</td><td></td><td></td><td></td></tr>
<tr><td>11</td><td colspan="2">检查警告灯</td><td></td><td></td><td></td></tr>
</table>

5. 任务完成情况评估

任务实施结果	
自我评估	
组长评估	
指导教师评估	

6. 任务完成情况总结

项目二

照明系统的故障诊断与排除

第一部分 实训组织

一、实训目的与要求

1. 能够利用轿车线路图制订照明系统故障检修计划。
2. 能够排除照明系统故障。

二、安全与环保教育

1. 测试前，对车辆表面进行保护。
2. 操作时，注意仪器使用方法。注意灯具的保护。

三、实训设备及工具

1. 实车（桑塔纳轿车）或灯光示教台。
2. 实训用前照灯等配件。
3. 万用表、试灯、连接导线、常用工具。

四、实训步骤与方式

项目	学时分配	教学方式（建议）
课前准备	课余	预习教材，查阅资料。
教师讲授	1 学时	重点讲解照明系统电路原理和基本诊断步骤。
实训操作	3 学时	使用仪表和工具对照明系统电路进行测试和故障诊断。

第二部分 实训内容

1. 典型汽车的照明系统

桑塔纳轿车灯光系统的工作电路如图 4 - 14 所示。它主要由转向报警灯、小灯(驻车灯共用)、前照灯、仪表灯、雾灯和开关照明灯电路等组成。

前照灯工作情况:

点火开关处在点火挡时,车灯开关 E1 处于 2 挡位置,变光开关 E4 处于 0 位置。这时前照灯电路中的工作电流由蓄电池(+)经点火开关 X 触点至灯光开关 X 触点,再经变光开关 56 与 56b 触点到熔断器 S21 与 S22、前照灯近光灯再到蓄电池(-)。于是,两个前照灯的近光点亮。

在上述前照灯近光工作的情况下,若想将近光转换成远光,只需把变光开关 E4 朝转向盘方向拉过压力点(E4 处于 1 位置),这时前照灯电路的工作电流由蓄电池(+)经灯光开关 X 触点到变光开关 56 与 56a,又经熔断器 S9 与 S10、前照灯远光灯丝及仪表中远光指示灯到蓄电池(-)。于是两个前照灯远光点亮,同时仪表中远光指示灯也点亮。

超车灯电路工作时,只需将变光开关 E4 朝转向盘方向拉至压力点(E4 处于 2 位置),这时超车灯电路工作电流由蓄电池(+)经变光/超车灯开关触点 30 与 56a、熔断器 S9 与 S10、前照灯远光灯丝及远光指示灯至蓄电池(-)。于是,两前照灯远光及仪表中远光指示灯同时点亮。当松开开关手柄时,前照灯远光及远光指示灯同时熄灭;再将该开关拉动,前照灯远光又被点亮。如此反复地操纵变光/超车灯开关,即可得到前照灯远光闪亮的超车信号。

2. 照明系统常见故障的诊断与排除

(1) 前照灯远近光不全故障的诊断与排除

1) 故障现象

前照灯远近光不全的故障表现为车灯开关处于 2 挡位置,用变光开关变换远近光,只有远光或只有近光灯亮。

2) 故障原因

变光开关损坏;远近光中的一个导线断路;双灯丝灯泡中某灯丝烧断。

3) 故障诊断与排除

这种故障出在变光开关→熔断器→灯丝的线路中。可先检查熔断器是否熔断。如熔断,更换新熔断器。如灯仍不亮,可直接在变光开关上连接电源接线柱与不亮的远光或近光接线柱试验。如灯亮,则是变光开关损坏,更换变光开关;若不亮,则说明故障在变光开关以后的线路中。可用电源短接法,直接在灯插头上给远近光灯供电,若灯亮,表明导线断路或插头接触不良;若灯仍不亮,则说明灯泡已损坏。

(2) 左右前照灯亮度不同故障的诊断与排除

1) 故障现象

左右前照灯的亮度不同的故障表现为:前照灯开关接通后,不论是远光还是近光,总有一侧灯较暗。

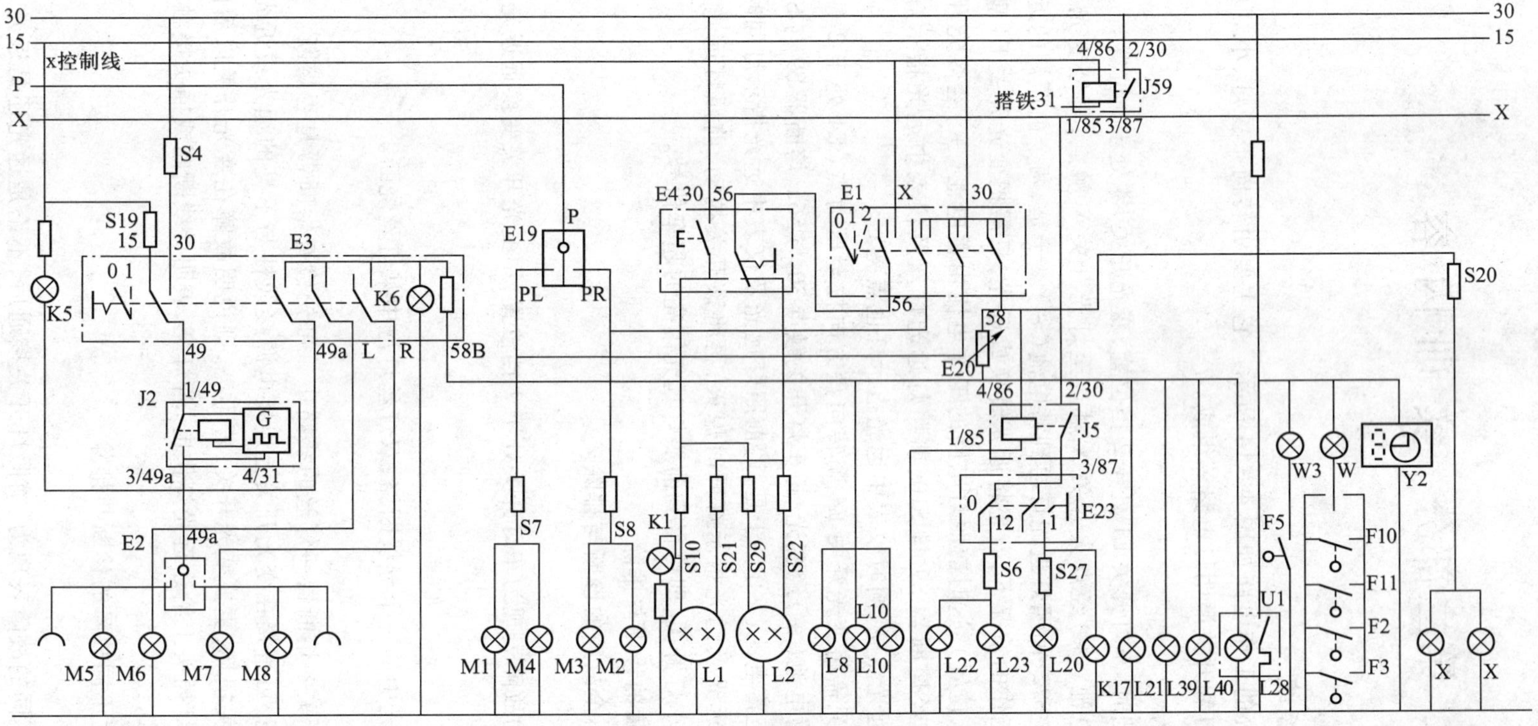

图 -1 桑塔纳灯光电路

M5、M6、M7、M8—转向信号灯；E3—危险警告灯开关；E2—转向灯开关；K5—转向指示灯；K6—报警闪光指示器；J2—闪光器 ；L20—后雾灯；K17—雾灯指示灯；L21—暖气开关照明灯；L39—后风窗除霜器开关照明灯；L 0—前后雾灯开关照明灯；L28—点烟器照明灯；W3—行李箱照明灯；F5—行李箱照明灯开关；W—前顶灯；F10、F11—顶灯开关；E —变光和超车灯开关；K1—远光指示灯；L1—左前照灯；L2—右前照灯；E1—车灯开关；E20—仪表灯调光电阻；L8—时钟照明灯；L10—仪表灯；J59—中间继电器(卸荷继电器)；Y2—数字式电钟；X—牌照灯

2）故障原因

可能是灯光暗淡一侧的双丝灯泡搭铁不良所致；灯光暗淡的一侧灯泡插头松动或锈蚀使接触电阻增大；灯光暗淡的一侧灯泡反射镜积有灰尘或氧化；左右两侧灯泡的功率不同。

3）故障诊断与排除

首先检查左右两侧灯泡的功率是否相同，可采用互换左右灯泡的方法进行判断。在灯泡的功率相同的情况下，用一根导线，一端接车身，另一端和灯光暗淡的灯泡搭铁接线柱相连，如恢复正常，即表明该灯搭铁不良。若灯泡单丝发光微弱，常为连接该灯泡灯丝的插头松动或锈蚀使接触电阻过大所致，可用电源短接法迅速判明故障部位。

灯泡搭铁不良时，灯光暗淡的灯泡两根灯丝在不论接通远光还是近光时，都同时发出微弱灯光。若发现灯泡亮度正常，就不是灯泡搭铁不良故障，一般是前照灯反射镜有灰尘或氧化，可通过消除灰尘（用压缩空气吹净）或更换反射镜来排除故障。

（3）前、后小灯（或局部）不亮故障的诊断与排除

打开车灯开关1挡，前后小灯（或局部）不亮。表示30 # 电源→中央线路板B13节点→车灯开关30接线柱→车灯开关58L、58R接线柱→中央线路板B26、B27节点→S7、S8熔断器→中央线路板C4、C14、E9、E18节点→前后左右小灯插座→小灯灯泡→接地之间有断路或灯泡坏。用测试灯一端接地，一端逐点测试上述路径，寻找出发生故障的部位，然后排除。

（4）前照灯（或局部）不亮故障的诊断与排除

打开点火开关和车灯开关2挡，前照灯（或局部）不亮。表示30 # 电源→中央线路板P节点→车灯开关30接线柱→点火开关X接线柱→车灯开关56接线柱→变光开关56a或56b接线柱→中央线路板A21或B22节点→S9、S10或S21、S22熔断器→中央线路板C5、C6或C16、C17节点→前照灯远近光插座→大灯灯泡→接地之间有断路或灯泡坏。用测试灯一端接地，一端逐点测试上述路径，寻找出发生故障的部位，然后排除。

（5）防雾灯（或局部）不亮故障的诊断与排除

打开点火开关、车灯开关和防雾灯开关，防雾灯（或局部）不亮。表示：

1）车灯开关30接线柱→车灯开关58接线柱→防雾灯继电器电磁线圈→接地之间有断路。

2）30 # 电源→点火开关→中间继电器电磁线圈→接地之间有断路。

3）X # 电源→防雾灯继电器触点→中央线路板B20节点→防雾灯开关→中央线路板B16节点→S6或S27熔断器→中央线路板C22、B2或E10节点→前后防雾灯插座→防雾灯灯泡→接地之间有断路。

用测试灯一端接地，一端逐点测试上述路径，寻找出发生故障的部位，然后排除。诊断结束后，关闭点火开关、车灯开关及防雾灯开关。

第三部分 实训操作

1. 接受任务

在汽修厂或生产性实习基地，熟悉修理工作环境，接受本项目工作任务，填写检修任务单（表4－5）。

表 4－5 检修任务单

任务组长		任务描述			
车牌号		VIN No.			
客户 ID		客户姓名			
邮政编码		地址			
电话 1		电话 2			
车型		SFX		外观颜色	
上次行驶里程		入厂规定			
委托事项		维修内容		必要零件	

2. 前照灯不亮故障诊断与排除

起动汽车，操作照明系统，明确照明系统的故障，决策故障诊断方案。

（1）制订前照灯不亮详细检修计划

（2）记录检修数据和结果并分析

表 4－6 为前照灯不亮故障诊断检查记录表。

表 4－6 前照灯不亮故障诊断检查记录表

序号	作业内容		检查数据	检修情况	备注
1	前照灯熔断器检查				
2	前照灯工作电压检查				
3	判断是前照灯还是线路故障				
4	更换前照灯				（前照灯故障）
5	线路检查	灯开关线路			
		变光开关线路			

3. 小灯不亮故障诊断与排除

起动汽车，操作照明系统，明确照明系统的故障，决策故障诊断方案。

（1）制订小灯不亮详细检修计划

（2）记录检修数据和结果并分析

表 4－7 为小灯不亮故障诊断检查记录表。

表 4－7　小灯不亮故障诊断检查记录表

序号	作业内容	检查数据	检修情况	备注
1	小灯熔断器检查			
2	小灯工作电压检查			
3	判断是小灯还是线路故障			
4	更换灯泡			
5	线路检查			

4. 任务完成情况评估

任务实施结果	
自我评估	
组长评估	
指导教师评估	

5. 任务完成情况总结

项目三

信号系统的故障诊断与排除

第一部分 实 训 组 织

一、实训目的与要求

1. 能够利用全车线路图制订轿车信号系统的检修计划。

2. 能够正确使用检测工具。

3. 能够排除轿车信号系统故障。

二、安全与环保教育

1. 测试前,对车辆表面进行保护。

2. 操作时,注意仪器使用方法,注意灯具的保护。

三、实训设备及工具

1. 实车(桑塔纳轿车)或灯光示教台。

2. 信号系统电路图。

3. 万用表、试灯、连接导线、常用工具。

四、实训步骤与方式

项目	学时分配	教学方式(建议)
课前准备	课余	预习教材,查阅资料。
教师讲授	0.5 学时	重点讲解信号系统电路原理和基本诊断步骤。
实训操作	2.5 学时	使用仪表和工具对信号系统电路进行测试和故障诊断。

第二部分　实训内容

1. 转向报警灯工作情况

图 4－14 为桑塔纳灯光系统的工作电路。

（1）转向信号灯

点火开关处于Ⅰ挡，如果车辆向左转弯行驶，将转向灯开关 E2 手柄向下搬动，这时左侧转向灯电路的工作电流由蓄电池（＋）经点火开关触点 30 与 15 至熔断器 FU17，经危险报警灯开关 E3 的动断触点、闪光器触点 49 和 49a、转向灯开关 E2 的触点、左侧转向灯搭铁至蓄电池（－），左侧转向灯闪亮。右转向时，工作电流在转向灯开关处发生改变，变为向右转向灯供电。转向指示灯的工作电路为：蓄电池（＋）→点火开关触点 30 与 15→熔断器 FU15→转向指示灯（发光二极管）K5→转向灯开关 E2 的触点 49a→转向开关接通后，通过左侧或右侧转向灯→搭铁→蓄电池（－）形成回路，转向指示灯亮。由于转向指示灯工作电流较小，此时转向灯并不亮。当闪光器触点闭合，转向灯亮时，转向指示灯 K5 两端电位相等，转向指示灯熄灭。因此，转向指示灯的频闪状态与转向信号灯相反。

（2）危险报警灯

当汽车发生故障或有紧急情况时，打开报警灯信号开关，这时所有转向灯一起闪烁，以示报警。无论点火开关处于什么位置，危险报警灯都可以工作。

按下危险报警灯开关 E3，这时危险报警灯电路的电流由蓄电池（＋）经危险报警灯开关直接至闪光器触点 49，再由闪光器触点 49a 经危险报警灯开关至所有转向灯，然后流回蓄电池（－）形成回路，所有转向灯闪亮。同时，转向指示灯也进入工作状态。

2. 转向信号灯常见故障

（1）转向信号灯不工作

1）故障现象

打开点火开关（转向信号灯工作受点火开关控制的车辆），接通转向信号灯开关，转向信号灯都不亮。

2）故障原因

熔断器熔断、电源线路断路或灯系中有短路处；

闪光继电器损坏；

转向信号灯开关损坏。

3）故障诊断与排除

检查熔断器是否熔断。若熔断，一般是灯系中有搭铁故障。可在断路的熔断器两端串上一只试灯，再把转向信号灯开关的进线拆下，此时熔断器上串联的试灯亮着，则为熔断器至转向信号灯开关这一段中有搭铁故障，可用断路法在这一段线路中找出搭铁部位；若在转向信号灯进线拆下后，试灯熄灭，则应接好拆下的导线拨动转向信号灯开关，拨到哪一边试灯变暗，说明此边正常,拨到另一边试灯亮度不变,则说明该侧搭铁故障,进一步找出搭铁部位,排除故障。可用万用表代替试灯,电位 12V 同试灯亮。

若短接闪光器两接线柱,当接通转向信号灯开关时转向信号灯全不亮,而接通危险报警灯开关时转向灯全亮,则说明转向开关或转向开关到闪光器接线有故障。如果接通危险报警灯开关时转向灯仍不亮,应按电路图重点检查线路故障。

（2）转向信号灯闪光频率不正常

1）故障现象

转向信号灯工作时,左右转向信号灯的闪光频率不一致或闪光频率都不正常。

2）故障原因

导线接触不良;

灯泡功率选用不当或某一边有一灯泡烧坏;

闪光器故障。

3）故障诊断与排除

检查闪光器和转向信号灯开关接线柱上接线是否松动,灯泡功率是否与规定相符,左右灯泡功率是否相同。若灯泡功率都符合规定,则应检查是否有一只灯泡烧坏。

若左右转向信号灯闪光频率都高于或低于规定值,一般为闪光器故障,应更换新件。

3. 倒车信号工作情况

倒车信号包括倒车灯和倒车蜂鸣器。倒车灯安装在汽车后组合灯内,倒车灯开关安装在变速器盖上,倒车蜂鸣器则单独安装。倒车灯和倒车蜂鸣器由倒车灯开关统一控制。如图 4－15 所示,当变速器挂入倒挡时,倒车灯开关触点闭合,倒车灯和倒车蜂鸣器电路接通,倒车灯点亮,蜂鸣器鸣叫。当变速器摘除倒挡时,倒车灯开关触点打开,倒车灯和倒车蜂鸣器电路切断,倒车灯熄灭,蜂鸣器停叫。

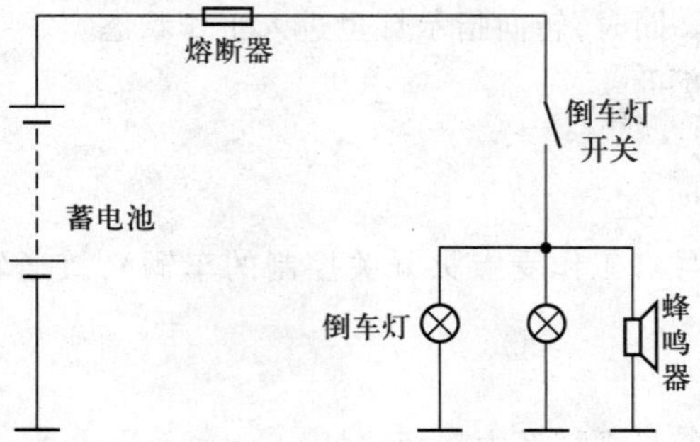

图 4－15 倒车信号系统的工作电路

4. 倒车信号系统故障诊断与排除

1）故障现象:倒车时倒车灯不亮。

2）故障原因:

倒车灯的灯泡损坏。

倒车灯开关损坏。

线路有断路。

3）故障诊断与排除：首先检查熔断器是否熔断。若熔断，串接一试灯找出搭铁处，排除故障；若未熔断，可拔下倒车灯开关上所接的两根接线并短接。若倒车灯亮，说明倒车灯开关损坏，应更换新开关。若倒车灯仍不亮，检查灯泡是否烧坏，搭铁是否良好。如有一只倒车灯不亮，则可能是该只灯泡损坏。

5. 制动信号灯工作情况

制动信号灯装在汽车后组合灯内，是指示汽车停车或减速的指示灯具。在踏下制动踏板时，便发出较强的红光，用以提醒后面的车辆或行人保持安全的距离。

制动信号灯工作电路如图4－16所示，主要由蓄电池、熔断器、制动开关和制动灯组成。当驾驶员踩下制动踏板时，制动开关闭合，制动灯电路接通，制动灯点亮；当抬起制动踏板时，制动开关断开，制动灯电路切断，制动灯熄灭。

制动信号系统的故障诊断与排除方法基本与倒车信号系统相同。

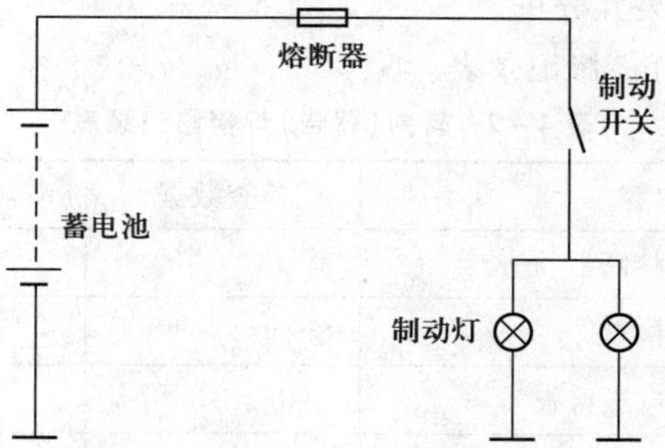

图4－16　制动信号灯工作电路

第三部分　实训操作

1. 接受任务

在汽修厂或生产性实习基地，熟悉修理工作环境，并接受本项目工作任务，填写检修任务单（表4－8）。

表4－8　检修任务单

任务组长		任务描述			
车牌号		VIN No.			
客户ID		客户姓名			
邮政编码		地址			
电话1		电话2			
车型		SFX		外观颜色	

续表

<table>
<tr><td>上次行驶里程</td><td></td><td>入厂规定</td><td colspan="2"></td></tr>
<tr><td colspan="2">委托事项</td><td colspan="2">维修内容</td><td>必要零件</td></tr>
<tr><td colspan="2"></td><td colspan="2"></td><td></td></tr>
</table>

2. 转向(警告)灯不亮故障诊断与排除

起动汽车,操作照明系统,明确照明系统的故障,决策故障诊断方案

(1) 制订转向灯不亮详细检修计划

(2) 记录检修数据和结果并分析

表4-9为转向(警告)灯检修记录表。

表4-9 转向(警告)灯检修记录表

<table>
<tr><th>序号</th><th colspan="2">作业内容</th><th>检查数据</th><th>检修情况</th><th>备注</th></tr>
<tr><td>1</td><td colspan="2">转向(警告)灯熔断器检查</td><td></td><td></td><td></td></tr>
<tr><td>2</td><td colspan="2">闪光器检查</td><td></td><td></td><td></td></tr>
<tr><td>3</td><td colspan="2">转向灯工作电压检查</td><td></td><td></td><td></td></tr>
<tr><td>4</td><td colspan="2">判断是前照灯还是线路故障</td><td></td><td></td><td></td></tr>
<tr><td>5</td><td colspan="2">更换转向灯</td><td></td><td></td><td></td></tr>
<tr><td rowspan="2">6</td><td rowspan="2">线路检查</td><td>转向灯线路(15)检查</td><td></td><td></td><td></td></tr>
<tr><td>警告灯线路(30)检查</td><td></td><td></td><td></td></tr>
</table>

3. 倒车灯不亮故障诊断与排除

起动汽车,操作照明系统,明确倒车灯的故障,决策故障诊断方案。

(1) 制订倒车灯不亮详细检修计划。

(2) 记录检修数据和结果并分析。

表4-10为倒车灯检修记录表。

表4-10 倒车灯检修记录表

序号	作业内容	检查数据	检修情况	备注
1	倒车灯熔断器检查			
2	小灯工作电压检查			
3	判断是小灯还是线路故障			
4	更换灯泡			
5	倒车灯线路检查			
6	倒车灯开关检查			

4. 任务完成情况评估

任务实施结果	
自我评估	
组长评估	
指导教师评估	

5. 任务完成情况总结

第五单元

仪表及报警系统故障检修

项目一

汽车喇叭的检测与维修

第一部分　实训组织

一、实训目的与要求

1. 能够利用线路图制订喇叭故障的检修计划。
2. 能够排除汽车喇叭故障。
3. 能够进行汽车喇叭的调整和检修。

二、安全与环保教育

1. 检测前,先按喇叭按键,听电喇叭是否发声及声音频率。
2. 拆卸喇叭时,应先断开蓄电池电源线,并注意车体保护。

三、实训设备及工具

1. 实习用汽车,检修用汽车喇叭,喇叭继电器。
2. 蓄电池,万用表。
3. 常用拆卸工具。

四、实训步骤与方式

项目	学时分配	教学方式(建议)
课前准备	课余	预习教材,查阅资料。
教师讲授	1 学时	讲授汽车喇叭的基本构造和工作原理,以及汽车喇叭故障诊断方法。
实训操作	3 学时	汽车喇叭故障的诊断和排除,音调和音量的调整。

第二部分　实训内容

汽车喇叭的故障率一直很高,一般喇叭损坏可以直接更换,也可以修复后使用。

1. 电喇叭结构研究

拆下喇叭后盖，仔细观察螺旋形、盆形电喇叭的结构特点，其结构和组成如图5-1、图5-2所示。

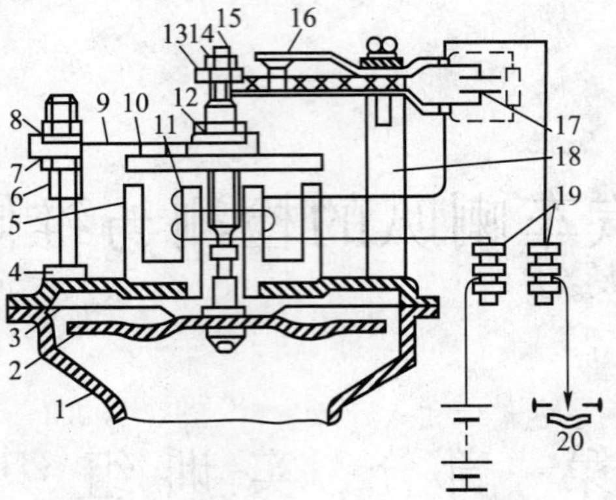

图5-1 螺旋形电喇叭

1—扬声器；2—共鸣板；3—膜片；4—底板；5—山形铁心；6—支撑螺杆；7—弹簧片位置调整螺母；8—锁紧螺母；9—弹簧；10—衔铁；11—电磁线圈；12—锁紧螺母；13—触点预加压力调整螺母；14—锁紧螺母；15—中心杆；16—触点；17—电容器；18—触点支架；19—接线柱；20—按钮

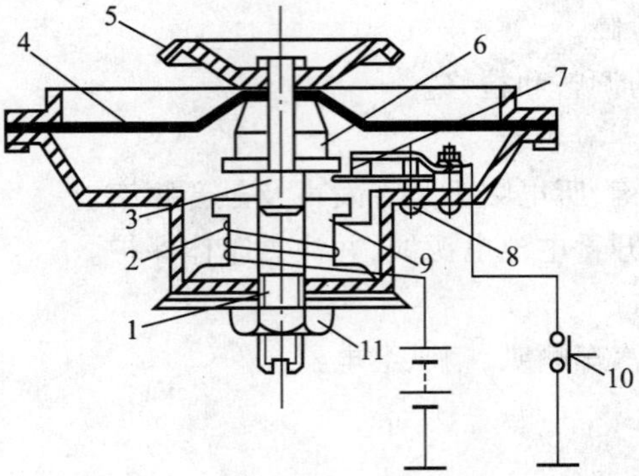

图5-2 盆形电喇叭

1—下铁心；2—电磁线圈；3—上铁心；4—膜片；5—共鸣板；6—衔铁；7—触点；8—调整螺钉；9—螺管铁心；10—按钮；11—锁紧螺母

2. 喇叭基本外观检查

1）检查扬声筒和喇叭盖。如有凹陷或变形时，应修整。更换扬声筒时，应注意高低音之分。高音喇叭的扬声筒比低音喇叭的扬声筒短，如螺旋形喇叭，其高音的扬声筒为1.5圈，低音的扬声筒为2.5圈，不能装错。

2）检查线圈，灭弧电阻、电容器等各接头是否牢固。如有断脱，应用烙铁焊牢；如有损坏，应更换。

3）检查喇叭膜片有无破裂。有破裂时应更换膜片。

3. 喇叭的测量检测

（1）电喇叭线圈的检测

用万用表 $R\times1$ 挡测量喇叭线圈电阻，将测得值与标准值对照，若电阻值低于规定值，说明线圈有短路；若测得阻值无穷大，说明线圈有开路故障。

当线圈有短路、开路和搭铁故障时，可按原数据重新绕制。

（2）检查触点接触情况

触点应光洁、平整；上下触点应重合，其中心线的偏移不应超过 0.25mm，接触面积不应小于 70%，否则应修整。如触点表面烧蚀严重时，应拆下用油石打磨，其方法如图 5－3 所示。打磨厚度小于 0.3mm 时应更换，并注意金属垫片和绝缘片的位置，切勿装错。

（3）检查电喇叭耗电量

检查电路，按图 5－4 接线，接通开关 S，电喇叭在蓄电池正常供电的情况下，发音应该清脆洪亮、无沙哑杂音，耗电量应不大于常用电喇叭的主要技术参数中的规定。如耗电过大或声音不正常时，应予以调整。

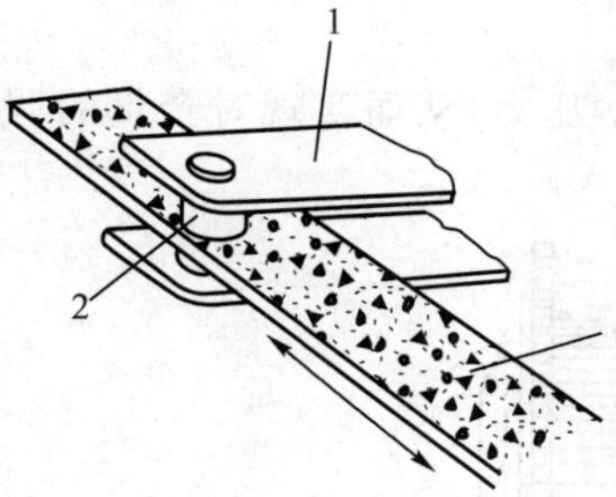

图 5－3　触点打磨方法

1—触点臂；2—触点；3—砂纸条

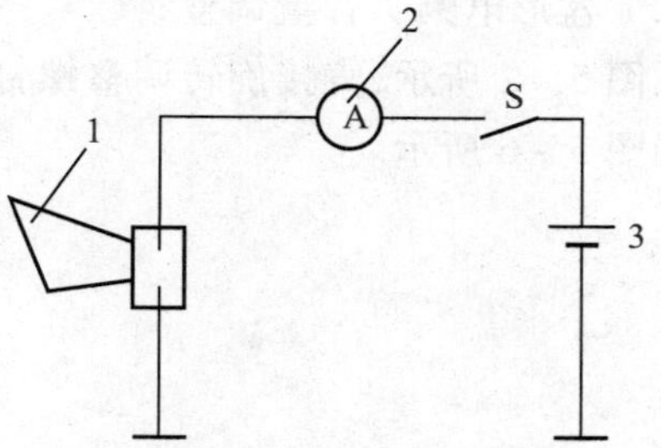

图 5－4　检查电喇叭耗电量

1—喇叭；2—电流表；3—蓄电池

（4）检查电磁铁间隙

衔铁和铁心之间的间隙应该在 0.7～1.5mm，各方面间隙应均匀。

4. 喇叭音调的调整

螺旋形电喇叭的音调是通过改变衔铁与铁心的间隙来实现的，而盆形电喇叭是通过改变上、下铁心的间隙实现的。间隙增大，音调降低；间隙减小，音调则升高。衔铁与铁心的间隙一般为 0.7～1.5mm，调整音调时，使用塞尺测铁心间隙，不符合规定时再进行调整。

（1）螺旋形电喇叭音调调整

如图 5－1 所示，先旋松锁紧螺母 8 和 12，再旋松调整螺母 7，并转动衔铁 10，可改变衔铁与铁心的间隙，从而改变喇叭的音调。调整时，铁心要平整，铁心与衔铁四周的间隙要均匀，否则会产生杂音。

（2）盆形电喇叭音调调整

如图 5－2 所示，先松开锁紧螺母 11，再旋转下铁心，改变其上、下铁心间隙即可调整音调的高低，调整方向如图 5－5 所示。

5. 喇叭音量的调整

电喇叭声音的大小与通过喇叭线圈的电流大小有关。当触点压力增大时，流入喇叭线圈的电流增大，使喇叭产生的音量增大；反之，音量减小。

（1）螺旋形电喇叭音量调整

如图 5－1 所示，先松开锁紧螺母 14，再旋松调整螺母 13，使触点间的预压力增大，音量增大；反之，音量减小。

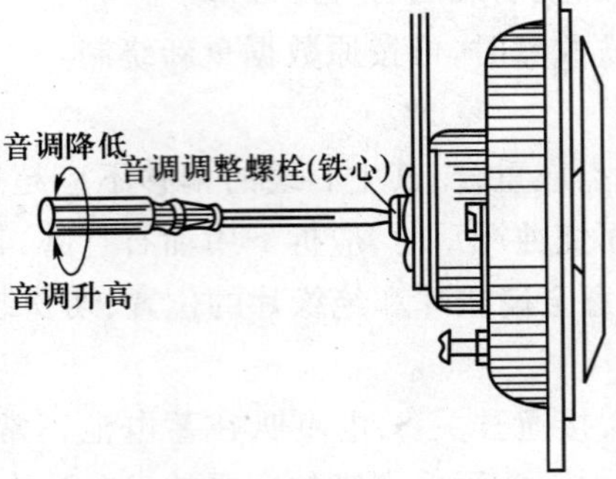

图 5-5 盆形电喇叭音调的调整

（2）盆形电喇叭音量调整

如图 5-2 所示，直接旋转调整螺钉 8，改变触点的接触压力，从而实现对音量的调整，调整方向如图 5-6 所示。

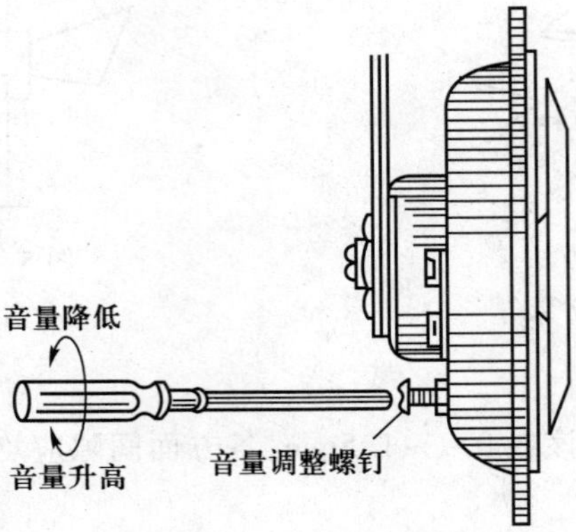

图 5-6 盆形电喇叭音量的调整

注意

调整时不可过急，每次只需对调节螺母转动 1/10 圈。

6. 喇叭常见故障的诊断

（1）喇叭不响故障诊断

诊断与检修步骤为：

1）基本检查：检查喇叭熔断器（一般为 2 个）和喇叭继电器。

2）就车检查：打开点火开关，一个人按住喇叭开关不动，另一个人用万用表测量喇叭电压是否为 12V。如果是则为喇叭故障，如果无电压则为线路故障。

（2）喇叭声音不正常

其故障现象为按下喇叭后，喇叭声音沙哑、发闷或刺耳。其诊断与检修步骤为：

1）检查电源电量：检查蓄电池的电量是否充足。

2）拆下喇叭进行检修或更换。

7. 捷达轿车喇叭电路

图 5－7 所示为捷达轿车喇叭电路，喇叭电源由 30 号线提供，由喇叭继电器 J53 控制。

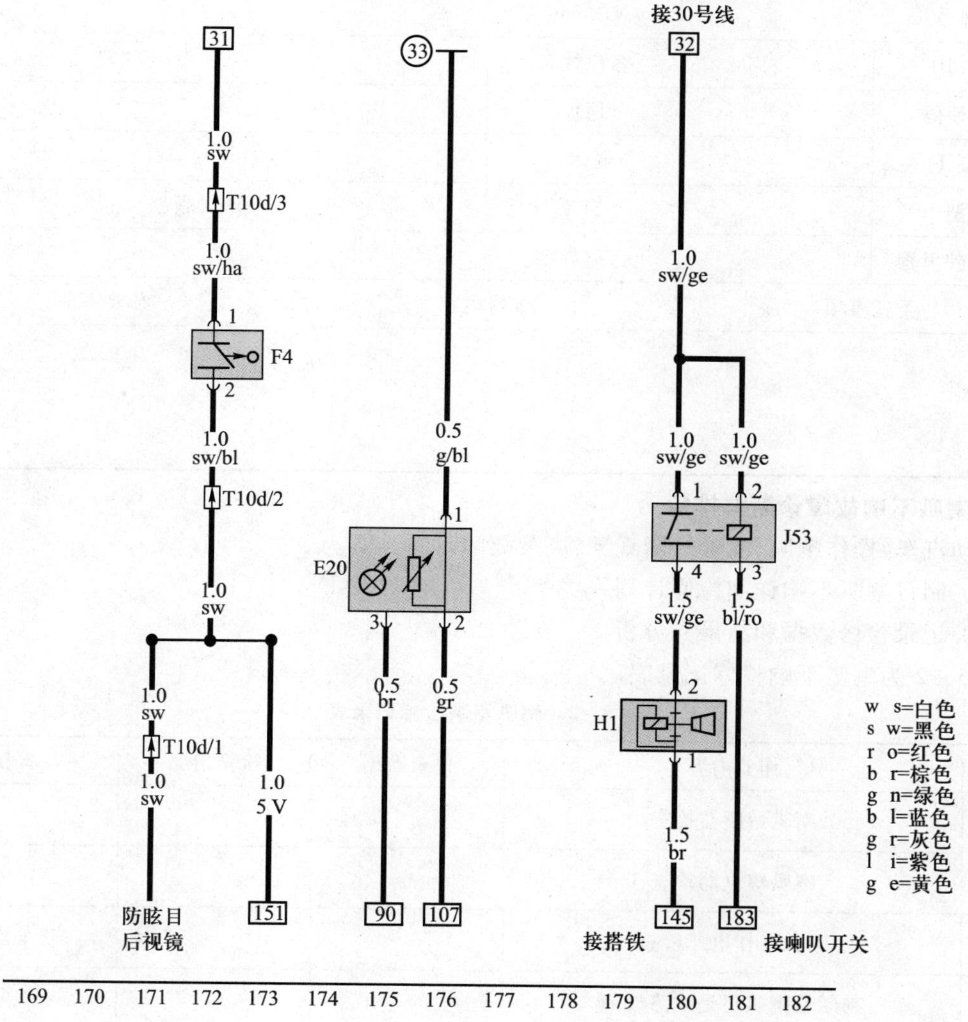

图 5－7　捷达轿车喇叭电路

第三部分　实训操作

1. 接受任务

在汽修厂或生产性实习基地，熟悉修理工作环境，接受本项目工作任务，填写检修任务单（表 5－1）。

表 5－1 检修任务单

任务组长		任务描述			
车牌号		VIN No.			
客户 ID		客户姓名			
邮政编码		地址			
电话 1		电话 2			
车型		SFX		外观颜色	
上次行驶里程		入厂规定			
委托事项		维修内容		必要零件	

2. 喇叭不响故障诊断与排除

起动汽车，操作喇叭，明确故障现象，决策故障诊断方案。

（1）制订喇叭不响详细检修计划

（2）记录检修数据和结果并分析

表 5－2 为喇叭不响检修记录表。

表 5－2 喇叭不响检修记录表

序号	作业内容	检查数据	检修情况	备注
1	喇叭熔断器检查			
	喇叭继电器检查			
2	喇叭工作电压检查			就车检查
3	判断是喇叭还是线路故障			
4	更换喇叭			喇叭故障
5	检查喇叭熔断器、继电器			如线路故障
6	测量中央配线盒相应插脚电压，判断线路故障点			如线路故障

3. 喇叭发声异常故障检修

起动汽车，操作喇叭，明确故障现象，决策故障诊断方案。

（1）制订喇叭发声异常检修计划

（2）记录检修数据和结果并分析

表 5－3 为喇叭发声异常检修记录表。

表 5－3　喇叭发声异常检修记录表

序号	作业内容	检查数据	检修情况	备注
1	喇叭工作电压检查			
2	判断是喇叭还是线路故障			
3	拆下喇叭			如喇叭故障
4	喇叭基本外观检查			如喇叭故障
5	喇叭的测量、检测、调整			如喇叭故障
6	更换喇叭			如喇叭故障

4. 任务完成情况评估

任务实施结果	
自我评估	
组长评估	
指导教师评估	

5. 任务完成情况总结

项目二

汽车仪表的拆卸

第一部分　实训组织

一、实训目的与要求

1. 能够正确使用轿车仪表。
2. 能够利用全车线路图制订仪表系统故障诊断计划。
3. 能够正确进行仪表的拆装。

二、安全与环保教育

1. 注意带电检测和无电检测状态使用万用表的区别，不准用试灯或短路线检查仪表线路。
2. 操作时，注意仪表线路的安装位置，严格按照操作流程进行。

三、实训设备及工具

1. 实车1辆，仪表实验台1台。
2. 电工工具、万用表、导线专用工具等。

四、实训步骤与方式

项目	学时分配	教学方式(建议)
课前准备	课余	预习教材，查阅资料。
教师讲授	1学时	重点讲授仪表线路及其检测方法。
实训操作	3学时	仪表线路的检测。

第二部分　实训内容

汽车仪表的更换以丰田汽车为例，其他车型参照进行。如图5-8所示，仪表的更换分为仪表的拆卸、安装和仪表板检查，主要包括拆卸仪表板的零件；检查连接器和线束，并检查电气装置的电压；安装仪表板的零件。

通过进行仪表板零件的安装和拆卸，来学习各连接器以及 ECU 的位置，以及仪表板内各线束之间的连接关系，此外，检查连接器和线束可以使你熟练掌握万用表的使用和阅读汽车电路图。

1. 断开蓄电池的负极电缆

如图 5－9 所示，断开蓄电池的负极电缆之前，对存储在 ECU 等元器件内的信息做记录。记录内容有：

DTC（诊断故障代码）、选择的收音机频道、座椅位置（带记忆系统）、转向盘位置（带记忆系统）。

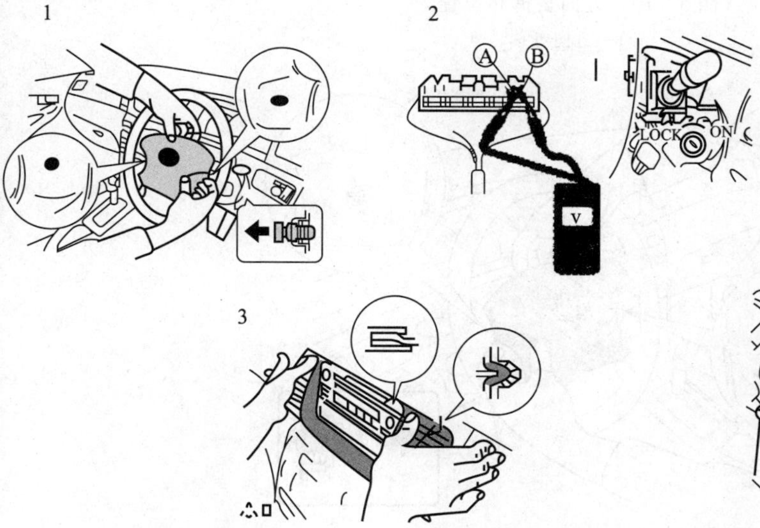

图 5－8　仪表的更换

1—拆卸；2—检查；3—安装

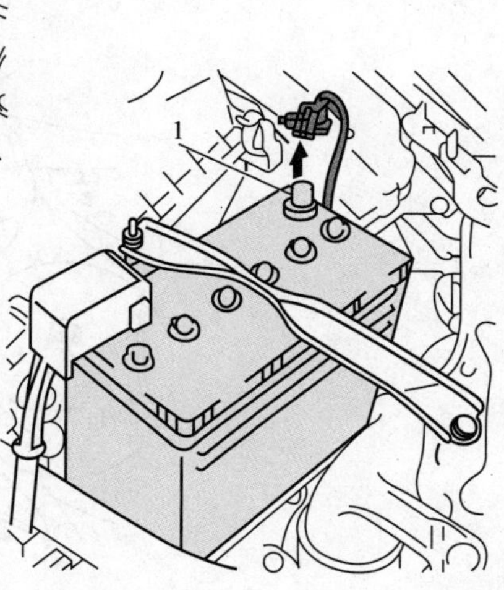

图 5－9　断开蓄电池负极

1—蓄电池负极（－）端子

2. 拆卸方向盘

方向盘衬垫装备有一个 SRS

安全气囊。确保按照正确步骤处理 SRS，否则，它们有可能展开并导致严重事故，造成严重的人身伤害或死亡。

1）使方向盘回正，处于正前方（中间）位置，如图 5－10 所示。

2）旋松扭矩螺钉，拉出喇叭按垫，如图 5－11 所示。

3）断开连接器，拆卸喇叭按垫，如图 5－12 所示。

4）拆卸方向盘定位螺母，如图 5－13 所示。

5）在方向盘和转向主轴上做装合标记，如图 5－14 所示。这些标记用于在安装时对准位置。

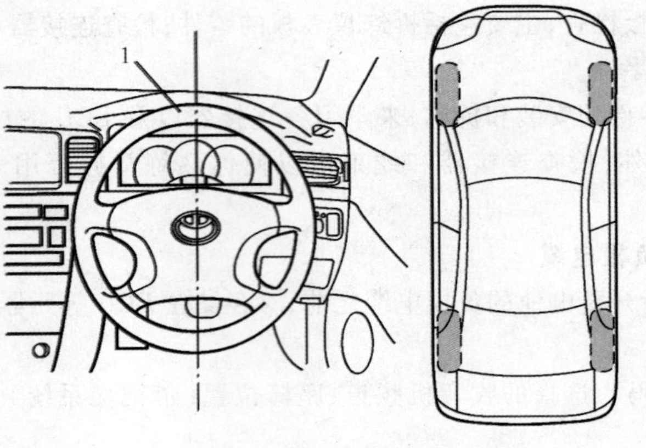

图 5－10 方向盘拆卸位置

1—方向盘

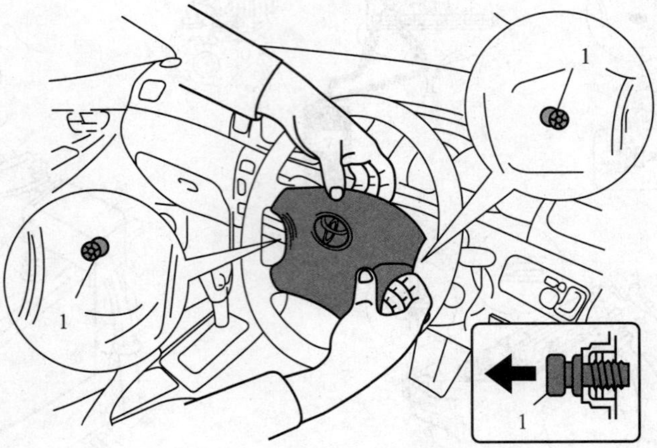

图 5－11 方向盘紧固螺钉位置

1—扭矩螺钉

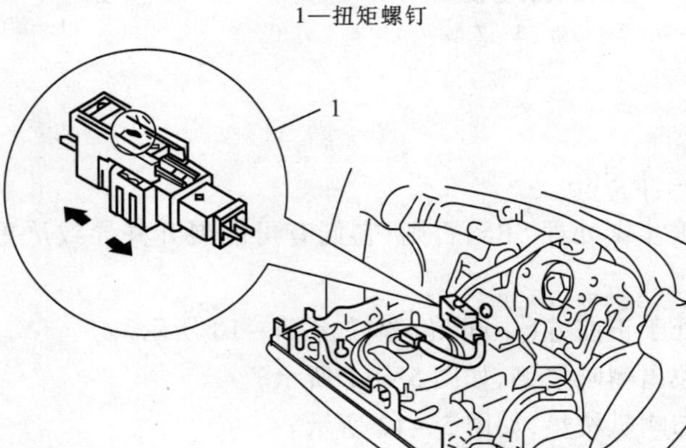

图 5－12 方向盘线束连接器

1—连接器

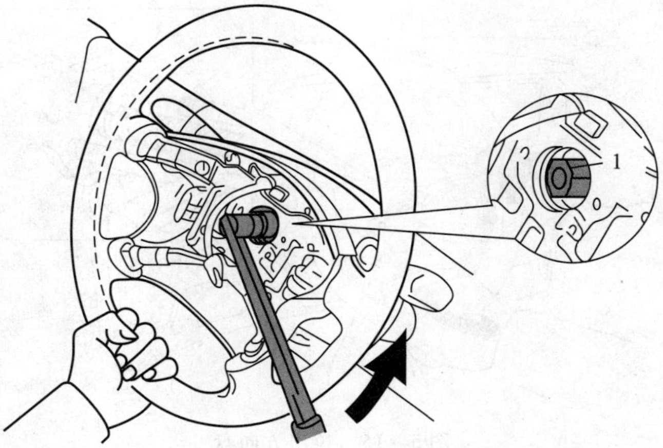

图 5－13　方向盘定位螺母的拆卸

1—定位螺母

注意

螺旋电缆具有一个中心标记来防止移动。如果中心标记移动，线束有可能在转动方向盘时被拉断。

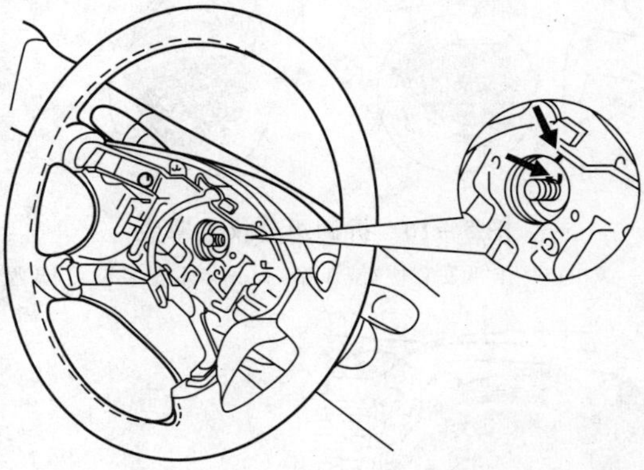

图 5－14　标记方向盘位置

6）使用 SST 专用工具拆卸方向盘，如图 5－15 所示用专用工具将方向盘拉出。

3. 拆卸组合仪表

1）拆卸组合仪表罩壳，如图 5－16 所示首先拆卸仪表板卡扣，然后分开卡爪，拆卸组合仪表罩壳。

2）拆卸组合仪表，如图 5－17 所示，首先按压两个卡扣末端，拉出仪表，然后断开连接器拆卸组合仪表，如图 5－18 所示。

4. 拆卸储物箱门

1）如图 5－19 所示，拆卸箱门螺钉。

2）如图 5－20 所示，拆下储物箱门，使箱门稍微变形并拆卸上部的挡块。

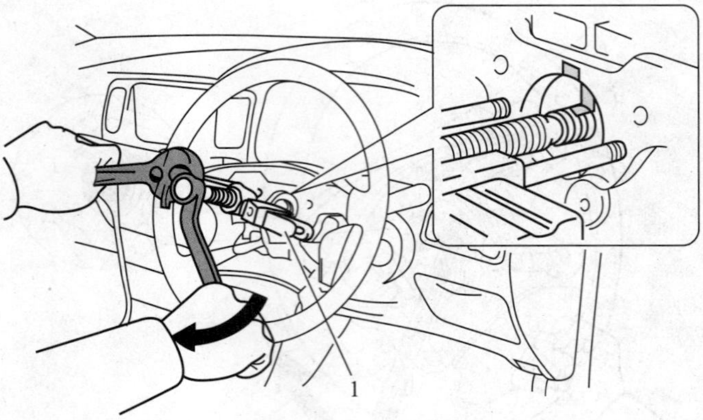

图 5－15 拉出方向盘

1—专用工具 SST(C 组拉具)

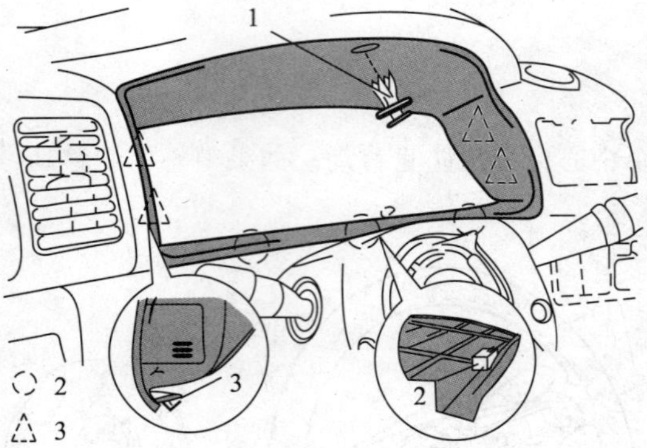

图 5－16 拆卸组合仪表罩壳

1—卡扣;2—卡爪安装位置(A 型);3—卡爪安装位置(B 型)

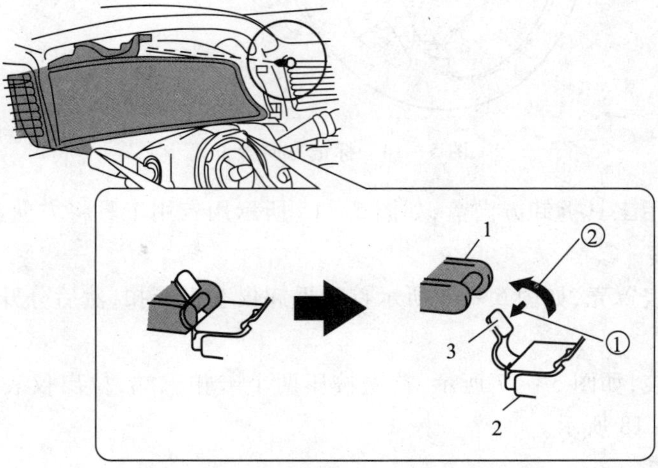

图 5－17 拆卸组合仪表

1—组合仪表侧;2—仪表板侧;3—卡扣末端

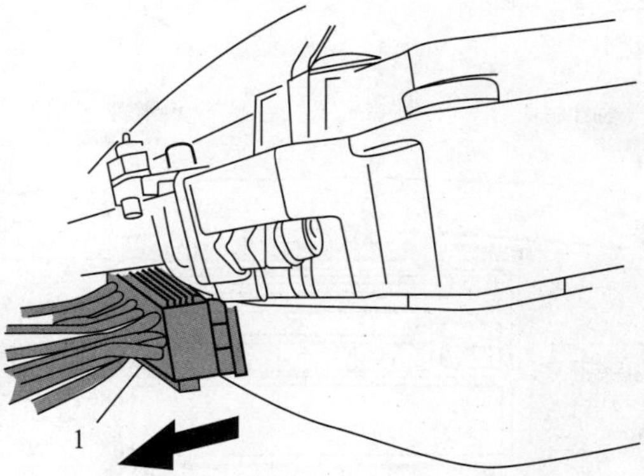

图 5-18 组合仪表线束连接器

1—连接器

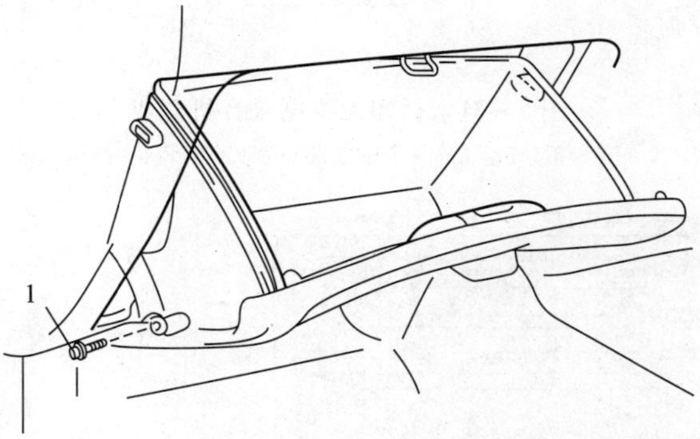

图 5-19 拆卸储物箱箱门螺钉

1—箱门螺钉

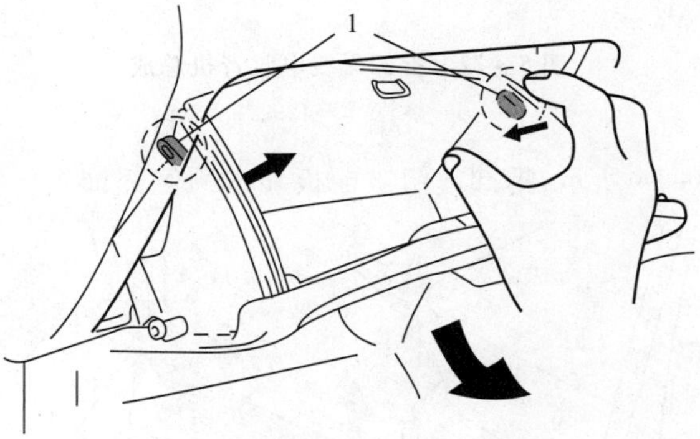

图 5-20 拆卸储物箱挡块

1—储物箱挡块

5. 拆卸无线电收音机总成

1）如图 5-21 所示，拆卸中央仪表板饰板。先拆卸卡爪，然后通过向前拉，拆卸中央仪表板饰板。

2）如图 5-22 所示，拆卸无线电收音机总成。首先拆卸螺钉，断开连接器，然后拆卸无线电收音机总成。

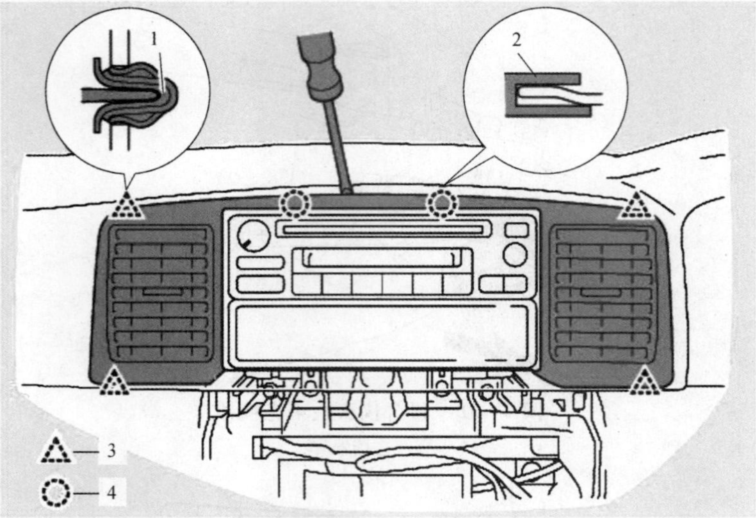

图 5－21 拆卸无线电收音机总成

1—卡爪(A 型);2—圆卡爪(B 型);3—卡爪安装位置(A 型);4—圈卡爪安装位置(B 型)

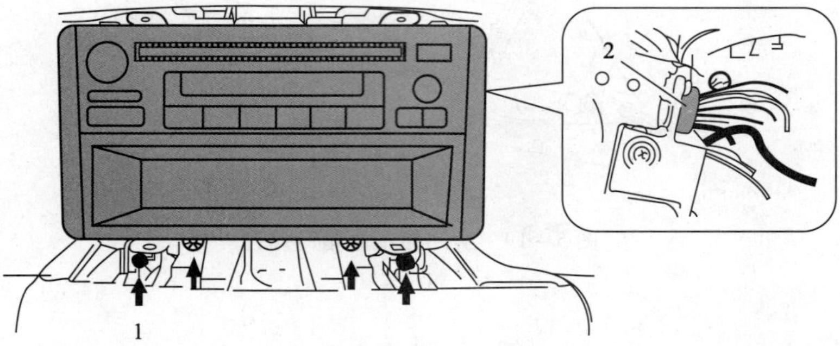

图 5－22 拆卸无线电收音机总成

1—螺钉; 2—接线器

3）如图 5－23、图 5－24 所示，拆卸前门皱褶板和车颈侧部饰板。首先脱开卡扣，然后拆卸

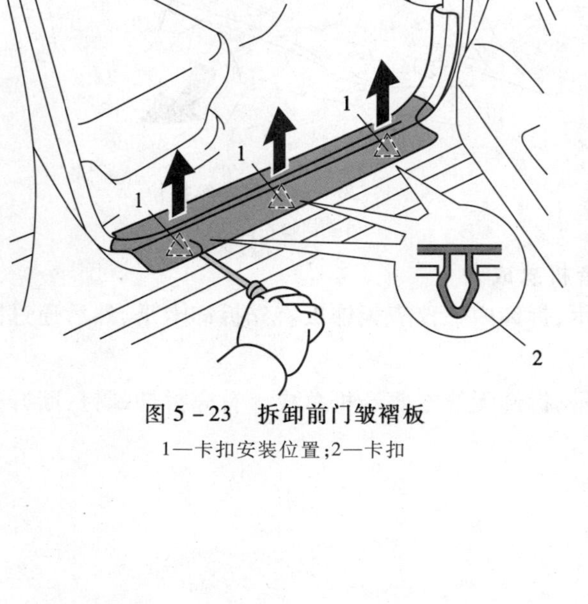

图 5－23 拆卸前门皱褶板

1—卡扣安装位置;2—卡扣

前门皱褶板和车颈侧部饰板。

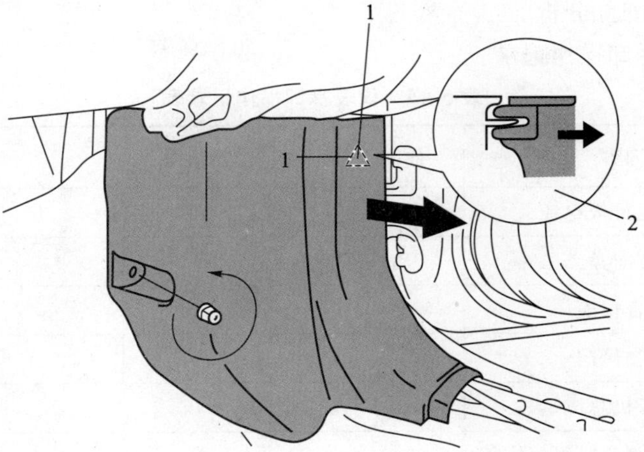

图 5-24　拆卸车颈侧部饰板

1—卡扣安装位置；2—卡扣

第三部分　实训操作

1. 接受任务

在汽修厂或生产性实习基地，熟悉修理工作环境，接受本项目工作任务，填写检修任务单(表 5-4)。

表 5-4　检修任务单

任务组长		任务描述			
车牌号		VIN No.			
客户 ID		客户姓名			
邮政编码		地址			
电话 1		电话 2			
车型		SFX		外观颜色	
上次行驶里程		入厂规定			
委托事项		维修内容		必要零件	

2. 仪表拆卸

起动汽车，明确仪表系统的故障，决策仪表拆卸方案。

（1）制订仪表拆卸详细计划

（2）记录操作步骤并分析

表 5－5 为仪表拆卸操作记录表。

表 5－5 仪表拆卸操作记录表

序号	作业内容	拆卸工具	操作情况	备注
1	断开蓄电池负极电缆			
2	拆卸方向盘			
3	拆卸组合仪表			
4	拆卸储物箱门			
5	拆卸收音机总成			
6	拆卸前门皱褶板和车颈侧部饰板			
7	拆卸部件依次排放			

3. 任务完成情况评估

任务实施结果	
自我评估	
组长评估	
指导教师评估	

4. 任务完成情况总结

项目三

汽车仪表的检查与安装

第一部分　实训组织

一、实训目的与要求

1. 能够正确使用轿车仪表。
2. 能够正确进行仪表的检查与安装。

二、安全与环保教育

1. 注意带电检测和无电检测状态使用万用表的区别,不准用试灯或短路线检查仪表线路。
2. 操作时,注意仪表线路的安装位置。

三、实训设备及工具

1. 实车1辆,仪表实验台1台。
2. 常用工具1套、万用表等。

四、实训步骤与方式

项目	学时分配	教学方式(建议)
课前准备	课余	预习教材,查阅资料。
教师讲授	1学时	重点讲授仪表线路及其检测方法。
实训操作	3学时	仪表线路的检测。

第二部分　实训内容

1. 仪表的检查

仪表的检查包括:检查电气装置的安装位置;检查组合仪表连接器;检查组合仪表连接器的

电压;检查无线电收音机总成的连接器;检查无线电收音机总成的电压。

(1) 检查电气装置的安装位置

如图 5－25 所示,根据线路图中的“电器位置”来确认仪表板中电气元件的安装位置。

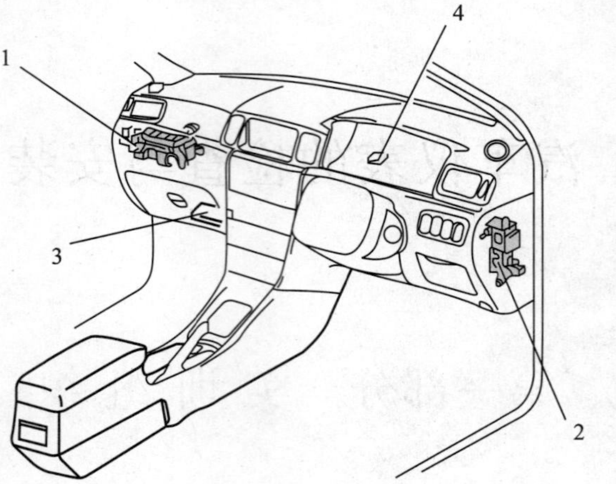

图 5－25 与仪表相关的电器位置

1—仪表板 J/B(接线器);2—第 3 号继电器盒;3—发动机和 ECT ECU (A/T)或者发动机 ECU(M/T);4—EMPS ECU(具有电动式动力转向系统的车辆)

(2) 检查组合仪表连接器

如图 5－26 所示,根据全车线路图中的“电气线路图”来确认组合仪表连接器“C7”的位置。

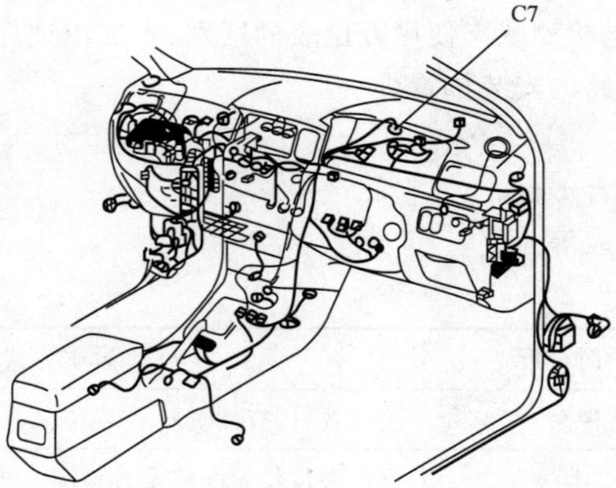

图 5－26 仪表线束位置

C7—仪表连接器

连接器清单:

根据全车线路图中的“连接器清单”来确认组合仪表连接器的连接器型号和插针数量。

根据线路图来确认组合仪表连接器的导线颜色。

(3) 检查组合仪表连接器的电压

1) 检查前的准备,连接蓄电池负极端子

如图 5－27 所示,检测和清除 DTC,在有自诊断功能的系统(例如 SRS 空气囊系统)中,当出现故障时,DTC 存储在空气囊传感器总成中:

当拆卸连接器和零部件时，连接蓄电池或旋转点火开关可能导致空气囊传感器总成检测到一个新的 DTC。这种情况下，有必要在工作结束后清除存储的 DTC。清除过程随系统而异，所以应按照维修手册进行。

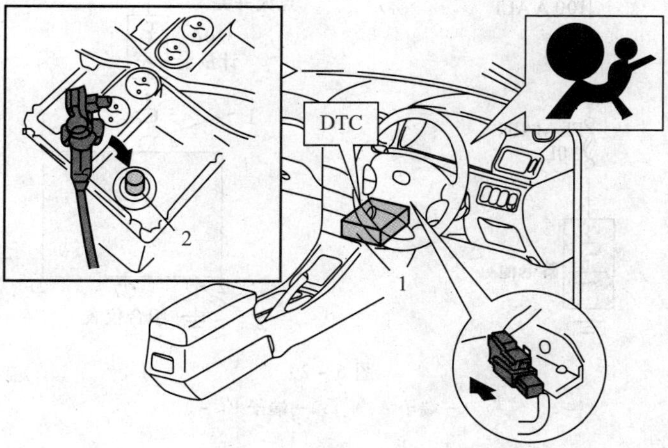

图 5－27　清除 DTC

1—空气囊传感器总成；2—蓄电池负极（－）端子

2）检查点火开关电源电路

如图 5－28 所示，将万用表设置到电压挡：当将点火开关从 LOCK 位置旋转到 ON 位置时，测量组合仪表连接器端子“A”和端子“B”之间的电压变化。

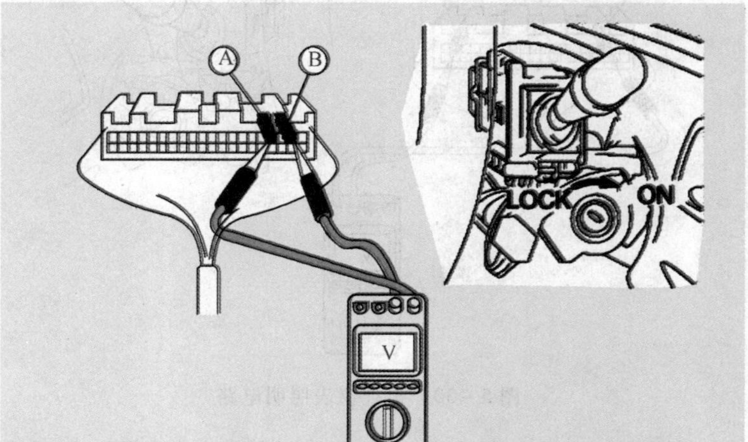

图 5－28　检查点火开关电源电路

提示

将点火开关旋转到 ON 位置就会在蓄电池和组合仪表之间通过点火开关施加电压进入工作状态。

检查电路位置如图 5－29 线路图所示，组合仪表电压检测位置（15 号线）。

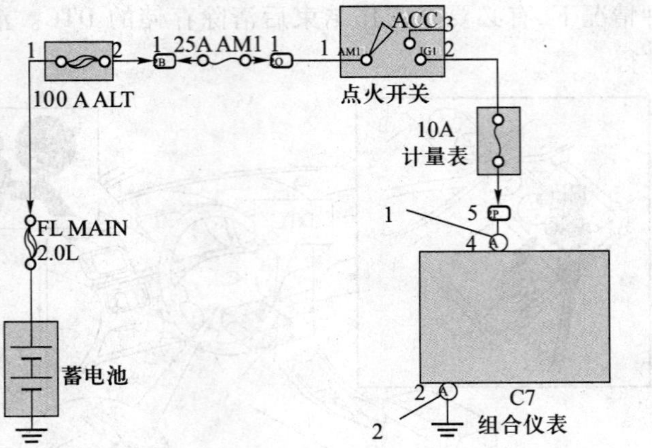

图 5－29

1—端子 A（＋）；2—端子 B（－）

3）检查仪表照明电路

如图 5－30 所示，将万用表设置到电压挡：

当灯光控制开关旋至 TAIL 位置时，测量车辆侧的组合仪表连接器端子“C”和端子“B”之间的电压变化。

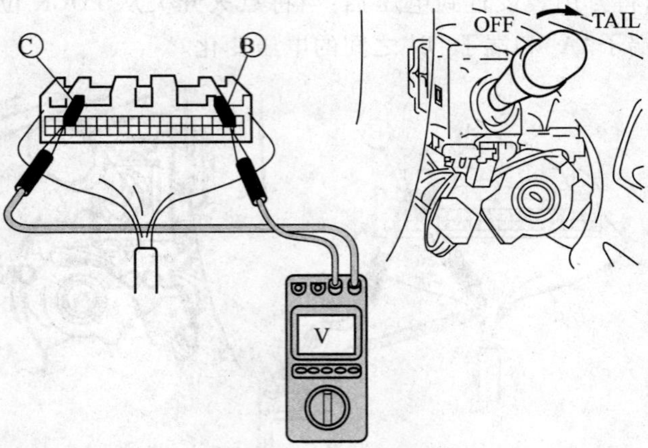

图 5－30　检查仪表照明电路

将灯光控制开关旋至 TAIL 位置就会在蓄电池和组合仪表（端子“C”）之间通过灯光控制开关施加电压，组合仪表的灯会变亮。

需要检查的位置如图 5－31 线路图所示。

（4）检查无线电收音机总成的连接器

根据全车线路图来确认无线电收音机总成连接器 R3 的位置。

1）连接器清单：根据线路图中的“连接器清单”来确认无线电收音机总成连接器型号和插针数量。

根据线路图来确认无线电收音机总成连接器的导线颜色。

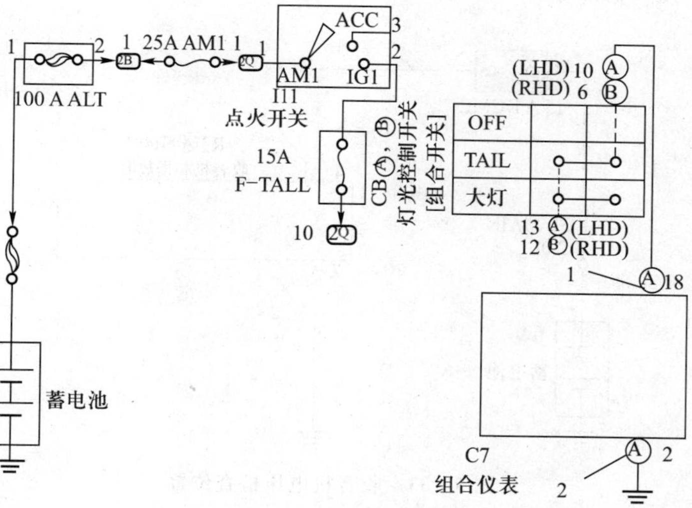

图 5－31　仪表灯电压检查

1—端子“C”(＋)；2—端子“B”(－)

2）检查无线电收音机总成的电压。

如图 5－32 所示，检查＋B 端电源电路。

将万用表设置到电压挡：

将灯光控制开关旋转至 TAIL 位置时，测量无线电收音机总成连接器端子“G”和端子“F”之间的电压变化。

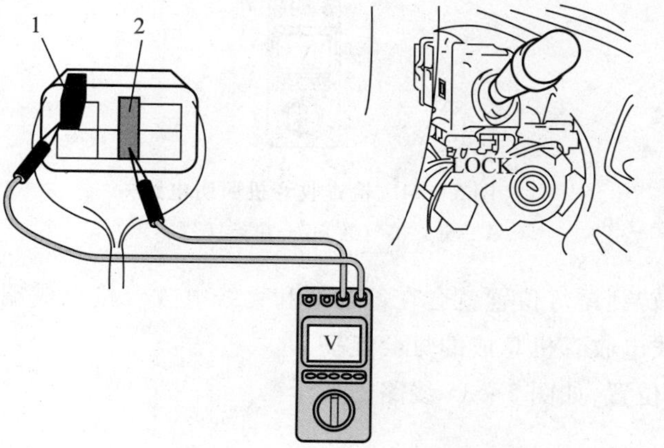

图 5－32　收音机电压检查

1—端子“G”(＋)；2—端子“F”(－)

无论点火开关处于何种状态，无线电收音机总成都有一定电压，目的是防止丢失存储器的信息(选定的收音机频道)。

需要检查的电路位置如图 5－33 线路图所示。

(5) 检查收音机照明电路

如图 5－34 所示，将万用表设置到电压挡，将灯光控制开关旋转到尾灯位置时，测量无线电收音机总成连接器端子“G”和端子“F”之间的电压变化。

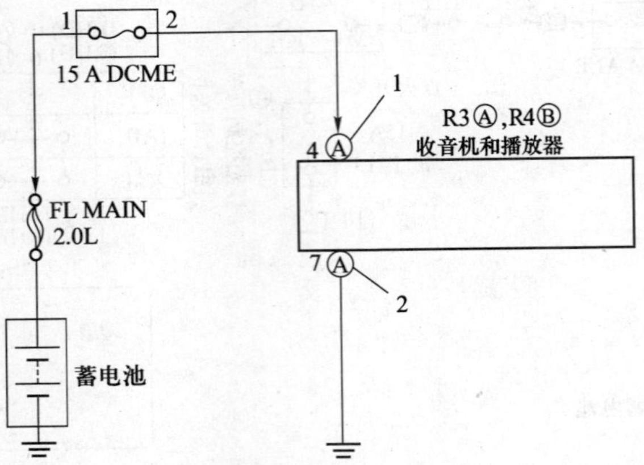

图 5－33　收音机电压检查位置

1—端子“E”(＋);2—端子“F”(－)

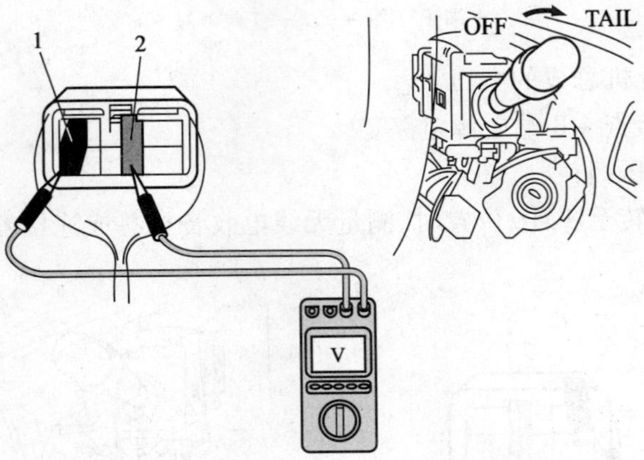

图 5－34　检查收音机照明电路

1—端子“G”(＋);2—端子“F”(－)

将灯光控制开关转到尾灯位置就会在蓄电池和无线电收音机总成端子“G”之间通过灯光控制开关施加电压,无线电收音机总成的灯会变亮。

需要检查的电路位置,如图 5－35 线路图所示。

2. 仪表的安装

仪表的安装基本是按照仪表拆卸的反向操作进行,具体操作步骤为:

1）安装前门皱褶板和车颈侧部饰板。

2）安装收音机总成。

3）安装储物箱门。

4）安装组合仪表。

5）安装方向盘。

6）连接蓄电池负极电缆。

7）最后检查。

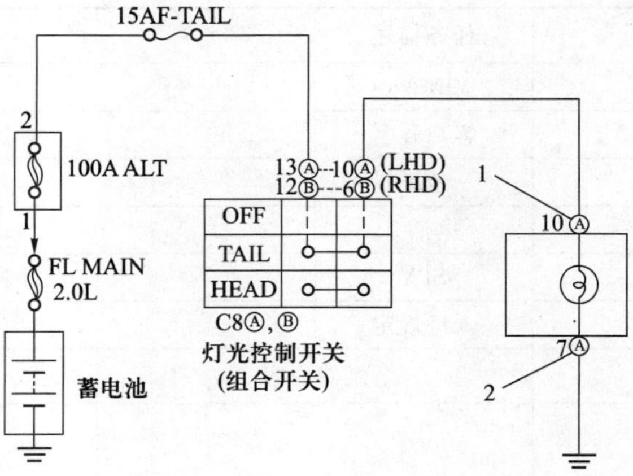

图 5－35　收音机照明电路检查位置

1—端子“G”(＋);2—端子“F”(－)

如图 5－36 所示,最后检查在电气装置装好的情况下,检查是否有误,并检查组合仪表和无线电收音机总成是否工作正常。

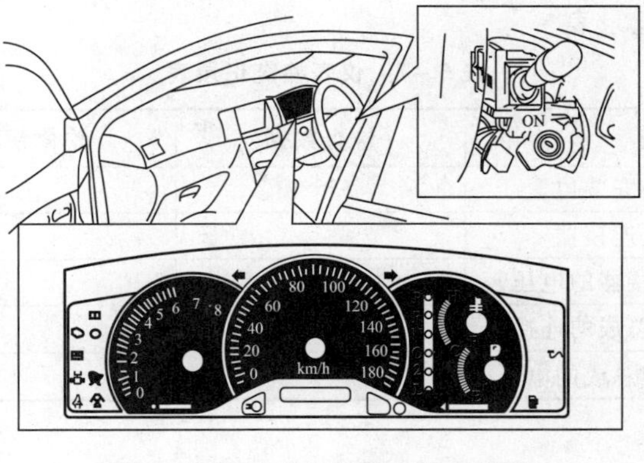

图 5－36　仪表安装后的最后检查

当点火开关转向 ON 位置时,各组合仪表上的各灯是否变亮?

仪表工作是否正常?

收音机开关打开后,收音机是否开始发声?

第三部分　实 训 操 作

1. 接受任务

在汽修厂或生产性实习基地,熟悉修理工作环境,接受本项目工作任务,填写检修任务单(表 5－6)。

表 5-6 检修任务单

任务组长		任务描述			
车牌号		VIN No.			
客户 ID		客户姓名			
邮政编码		地址			
电话 1		电话 2			
车型		SFX		外观颜色	
上次行驶里程		入厂规定			
委托事项		维修内容		必要零件	

2. 仪表检查

确认仪表部件,分析仪表线路,决策仪表检查方案。

(1) 制订仪表检查详细计划

(2) 记录检查结果并分析

表 5-7 为仪表检查记录表。

表 5-7 仪表检查记录表

序号	作业内容	检查数据	检修情况	备注
1	检查电气装置的安装位置			
2	检查组合仪表连接器			
3	检查组合仪表连接器的电压			
4	检查无线电收音机总成的连接器			
5	检查无线电收音机总成的电压			

3. 仪表安装

确认仪表部件,分析仪表线路,决策安装方案。

(1) 制订仪表安装详细计划

(2) 记录安装步骤并分析

表 5-8 为仪表安装操作记录表。

表 5-8 仪表安装操作记录表

序号	作业内容	安装工具	操作情况	备注
1	安装前门皱褶板和车颈侧部饰板			
2	安装收音机总成			就车检查
3	安装储物箱门			拔下插头
4	安装组合仪表			
5	安装方向盘			
6	连接蓄电池负极电缆			
7	最后检查			

4. 任务完成情况评估

任务实施结果	
自我评估	
组长评估	
指导教师评估	

5. 任务完成情况总结

项目四

仪表与警报装置的故障诊断与排除

第一部分　实训组织

一、实训目的与要求

1. 能够正确使用轿车仪表。
2. 能够利用全车线路图制订仪表系统故障诊断计划。
3. 能够排除仪表系统故障。

二、安全与环保教育

1. 检修汽车应放在举升机上，正确操作和检查汽车仪表。
2. 座椅加护套，保护汽车内饰不受损坏。

三、实训设备及工具

1. 实习轿车 1 台，汽车仪表实验台 1 台。
2. 电工工具、万用表。

四、实训步骤与方式

项目	学时分配	教学方式（建议）
课前准备	课余	预习教材，查阅资料。
教师讲授	1 学时	重点讲授组合仪表的基本构造和工作原理。
实训操作	3 学时	仪表的检查和线路检修。

第二部分　实训内容

现代轿车均采用组合仪表，组合仪表部件位置如图 5－37 所示。

1. 车速表检修

用车速表测试器检查车速表允许指示误差，是否符合产品说明书中的规定范围，并检查里程表的工作情况。

注意

轮胎磨损、轮胎充气过足或不够都会增大指示误差。

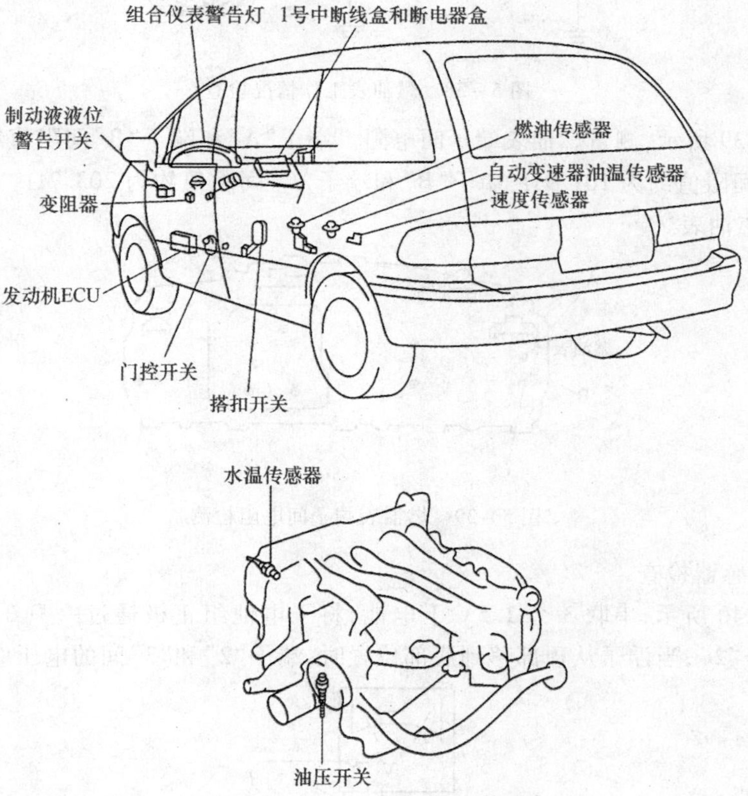

图 5－37　组合仪表部件位置

2. 转速表检查

接上校验转速表并起动发动机，将校验转速表与被校验转速表的指示值进行对比。在13.5 V、25℃时：标准值为700r/min时，允许范围为580～720r/min；标准值为3000r/min时，允许范围为2800～3200r/min；标准值为5000r/min时，允许范围为4800～5200r/min；标准值为6000r/min时，允许范围为5750～6250r/min。如果误差超过规定要求，应更换转速表。

3. 燃油表系统检修

（1）燃油表检查

1）拔出燃油传感器连接器，打开点火开关，检查燃油表指针应指示在无油位置。

2）如图5－38所示，将一只3.4W试灯跨接在配线侧连接器端子“2”和“3”之间。打开点火开关，检查试灯应变亮，且燃油表指针指向满的一侧。如果燃油表工作不符合要求，应检查燃油表电阻。

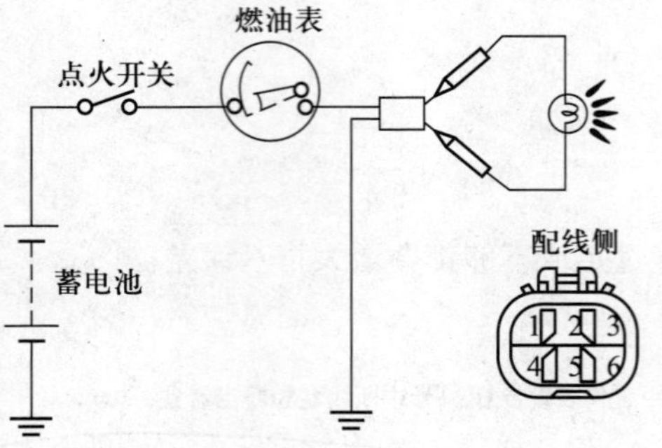

图 5－38 燃油表工作情况检查

3）如图 5－39 所示，测量燃油表端子间电阻。端子“A”和端子“B”间阻值约为 1013Ω，端子“A”和端子“C”间阻值约为 101.9Ω，端子“B”和端子“C”间阻值约为 203.2Ω。如果电阻值不符合标准，应更换燃油表。

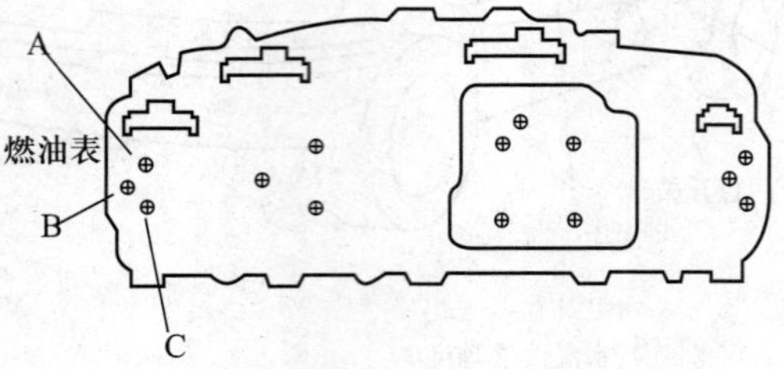

图 5－39 燃油表端子间电阻检测

（2）燃油传感器检查

1）如图 5－40 所示，串联 3 个 1.5V 干电池，将干电池组正极通过一只 3.4W 试灯接端子“3”，负极接端子“2”，当浮子从顶部移到底部位置时，端子“2”和“3”间的电压应上升。

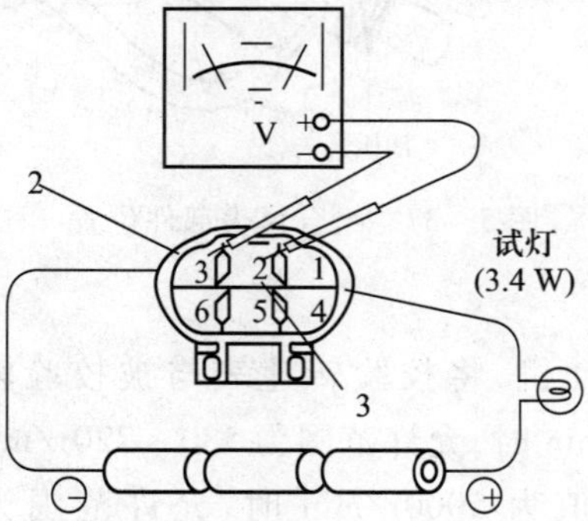

图 5－40 燃油传感器工作情况检查

2）如图 5－41 所示，测量传感器端子“2”和“3”间电阻，浮子在满位置（约 22.7mm）时电阻约为 3Ω，在空位置（约 163.2mm）时电阻约为 110Ω。如果阻值不符合要求，应更换燃油传感器。

3）燃油液位警告灯检查。拔出燃油传感器连接器，如图 5－42 所示，短接传感器配线侧连接器端子“1”和“2”，打开点火开关，检查警告灯应亮。如果灯不亮，应检查灯泡和配线。

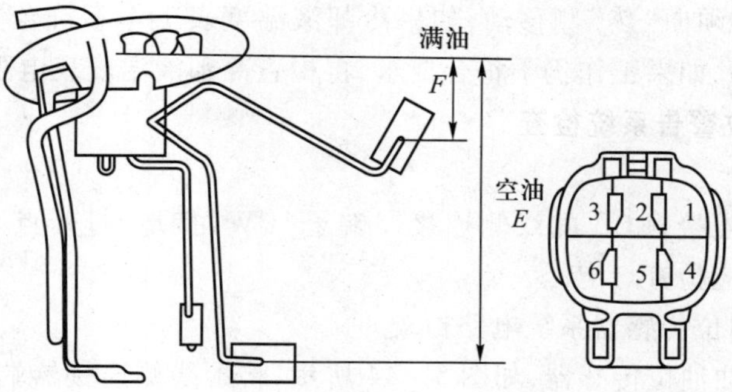

图 5-41　燃油传感器电阻检查

4）燃油液位警告开关检查

如图 5-42 所示，将蓄电池正极通过 1 只 3.4W 试灯接至燃油传感器连接器端子“1”，负极接端子“2”，检查试灯应亮。把警告开关浸入燃油中，检查试灯应灭。如果工作不符合标准，应更换燃油传感器。

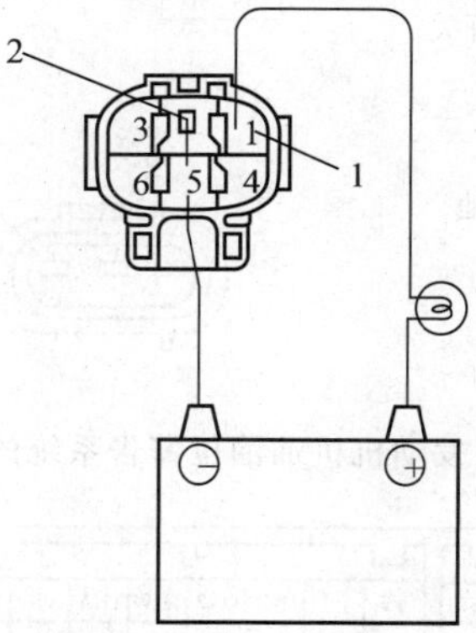

图 5-42　燃油油位警告开关检查

4. 冷却液温度表系统检查

（1）如图 5-43 所示，测量冷却液温度表端子间电阻，端子“A”、“B”间电阻约为 200.3Ω，端子“A”、“C”间电阻约为 54Ω，端子“B”、“C”间电阻约为 146.3Ω。如果阻值不符合要求，应更换冷却液温度表。

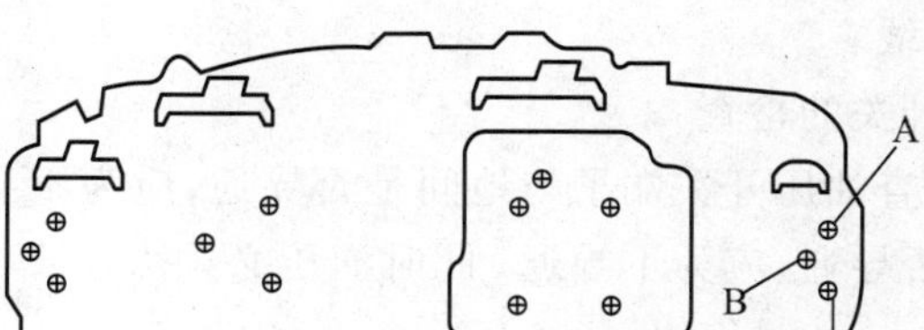

图 5-43　冷却液温度表电阻检查

（2）拔出冷却液温度传感器连接器，打开点火开关，冷却液温度表指针必须指示在“冷”位置，将冷却液温度传感器配线侧连接器通过 1 只 3.4W 试灯接地，打开点火开关，检测试灯应亮，且冷却液温度表指针必须向“热”侧移动，如果冷却液温度表工作不符合要求，更换冷却液温度传感器后，再检查系统。如果工作仍不符合要求，再检查冷却液温度表电阻。

5. 发动机机油油位警告系统检查

（1）警告灯检查

拔出发动机 ECU 连接，ECU 配线侧连接器端子“OW”接地，打开点火开关，检查警告灯应亮。如果警告灯不亮，应检查灯泡。

（2）发动机机油油位传感器系统电路检查

1）拔出发动机机油油位传感器，如图 5－44 所示，将配线侧连接器端子“1”接地，打开点火开关，约 40s 后警告灯应亮。如果不亮，应进行第 2）步检查。

2）拔出发动机 ECU 和发动机机油油位传感器连接器，如图 5－44、图 5－45 所示，检查配线侧连接器端子间导通性和电压应符合要求。如果结果不符合标准，应更换发动机 ECU。

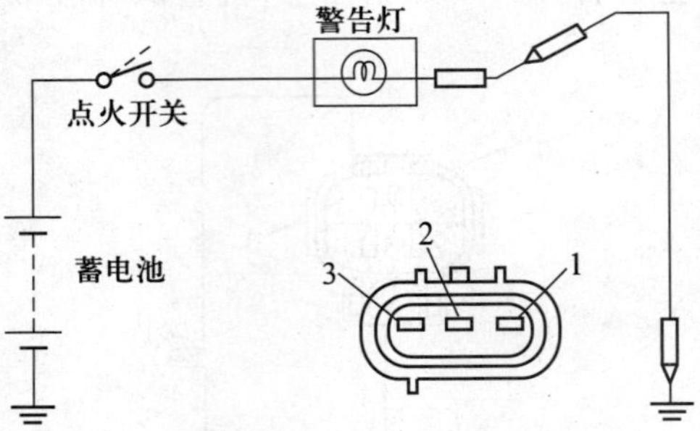

图 5－44　发动机机油油位警告系统的电路检查

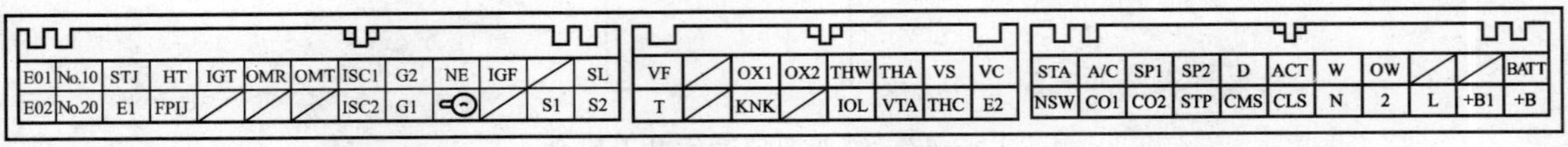

图 5－45　发动机 ECU 连接器

6. 低油压警告系统检查

（1）警告灯的检查

拔出油压警告开关连接器，并使配线侧连接器端子接地，打开点火开关，警告灯应亮，如果警告灯不亮，应检查灯泡或配线。

（2）机油低压警告灯开关的检查

在发动机不工作时，检查油压开关端子与地间是否导通，应为不导通。在发动机工作时，检查油压开关端子与地间是否导通，应为不导通（此时油压必须大于 29kPa）。如果工作不符合标准，应更换开关。

7. 制动警告系统检查

（1）警告灯的检查

拔出液位警告开关、停车制动器开关连接器，如图 5－46 所示，用一配线将液位警告开关配线连接器侧端子短接。打开点火开关，警告灯应亮。如果灯不亮，检查灯泡和配线。

（2）制动警告系统的检查

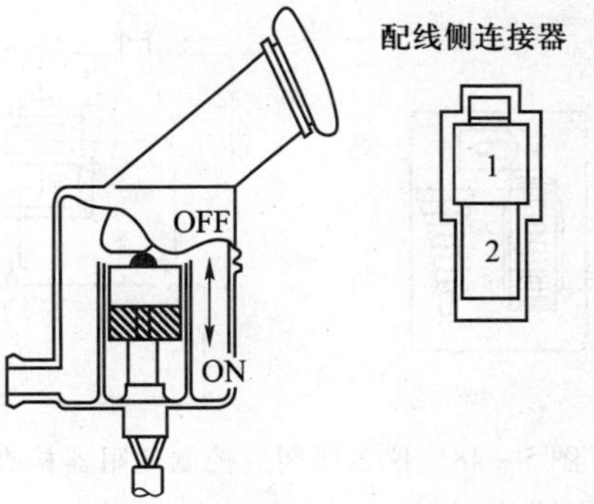

图 5－46　液位警告开关检查

如图 5－46 所示,当制动液液位开关在断开(浮子上升)位置时,开关端子间应不导通。开关接通(浮子落下)位置时,开关端子间应导通。如果工作不符合要求,应更换开关。

(3) 驻车制动器系统检查

1) 检查警告灯工作情况。拔出驻车制动器开关连接器,将开关配线侧连接器端子接地,打开点火开关,检查灯应亮。如果工作不正常,拆下并测试灯泡。

2) 检查驻车制动器开关柄松开(驻车制动器拉起)时,开关端子间应导通。驻车制动器开关柄被按下(驻车制动器松开)时,开关端子间应不导通。如果导通性不符合要求,应更换开关。

8. 开门警告系统检查

(1) 警告灯的检查

拔出前门、滑动门、后门门控开关连接器,如图 5－47 所示,分别将前门、滑动门、后门门控开关配线侧连接器端子"1"、"1"、"3"接地,打开点火开关,检查警告灯应亮。如果警告灯不亮,应检修灯泡和配线。

(2) 门控开关检查

1) 检查前门门控开关。在开关接通状态下(车门打开,开关柄放开)时,端子"1"、"2"和开关壳体间应导通。在开关断开的状态下(门关闭,开关柄按下)时,端子"1"或"2"和开关壳体间应不导通。

2) 检查滑动门门控开关。在开关接通(车门打开)时,端子和开关壳体间应导通。在开关断开(车门关闭)时,端子和开关壳体间应不导通。

3) 检查后门门控开关。当开关接通(车门打开)时,开关端子"1"、"3"间导通。在开关断开(车门关闭)状态下,端子"1"、"3"间不导通。

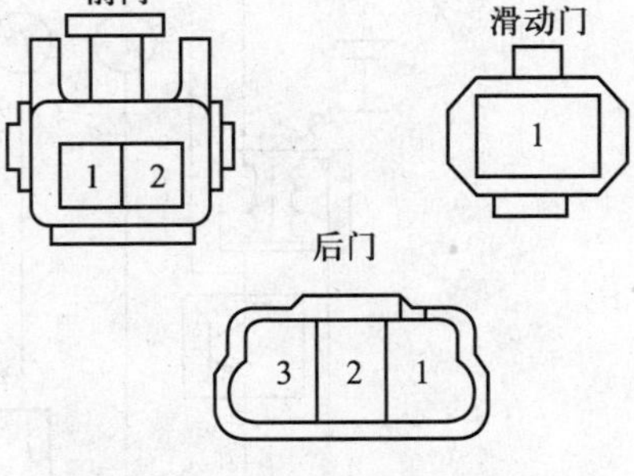

图 5－47　前、滑动、后门门控开关配线侧连接器

9. 仪表照明灯控制变阻器检查

检查灯控制变阻器,如图 5－48 所示,将一试灯跨接至连接器端子"1"和"3"上,将蓄电池正极接变阻器连接器端子"2",负极接端子"1",向下慢慢转动变阻器旋钮,试灯慢慢地变暗,向上慢慢地转动变阻器旋钮,试灯从暗变亮,如果工作不符合要求,应更换变阻器。

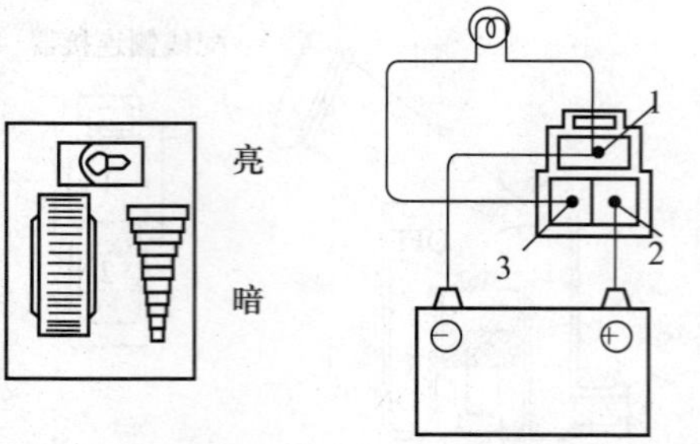

图 5-48 仪表照明灯控制变阻器检查

10. 经济车速行驶监视系统检查

(1) 检查指示灯工作情况

1) 打开点火开关,检查“POWER”灯应亮。

2) 拔出真空开关连接器,“ECONO”灯应亮。如果工作不正常,应拆下并检查灯泡。

(2) 检查真空开关

1) 检查真空开关端子和外壳间应导通。如果不导通,应更换开关。

2) 检查真空开关工作情况。将(13.3 ± 3.3) kPa 的真空施于开关上,检查开关端子和外壳间应不导通。如果导通性不符合要求,应更换开关。

11. 典型仪表电路

为了便于安装和维修,以及美观的需要,现代轿车均采用组合仪表,典型仪表电路如图 5-49 所示。

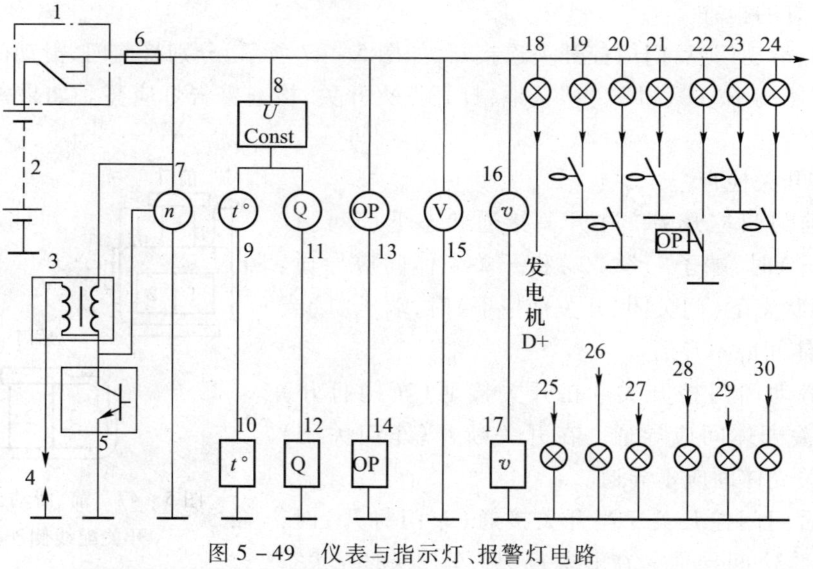

图 5-49 仪表与指示灯、报警灯电路

1—点火开关;2—蓄电池;3—点火线圈;4—火花塞;5—点火模块;6—熔断器;7—发动机转速表;8—仪表稳压器;9—发动机冷却系统温度表;10—温度表传感器;11—燃油表;12—燃油表传感器;13—机油压力表;14—机油压力表传感器;15—电压表;16—车速表;17—车速表传感器;18—充电指示灯;19—驻车制动指示灯;20—制动液面报警灯;21—门未关报警灯;22—机油压力报警灯;23—备用报警灯;24—水位过低报警灯;25—远光指示灯;26、27—左右转向指示灯;28—座椅安全带未系报警灯;29—防抱死制动指示灯(ABS);30—巡航控制指示灯

第三部分　实训操作

1. 接受任务

在汽修厂或生产性实习基地，熟悉修理工作环境，接受本项目工作任务，填写检修任务单（表5-9）。

表5-9　检修任务单

任务组长		任务描述			
车牌号		VIN No.			
客户 ID		客户姓名			
邮政编码		地址			
电话 1		电话 2			
车型		SFX		外观颜色	
上次行驶里程		入厂规定			
委托事项		维修内容		必要零件	

2. 水温表指针不动故障诊断与排除

起动汽车，明确仪表系统的故障，决策故障诊断方案。

（1）制订水温表指针不动详细检修计划

（2）记录检修数据和结果并分析

表5-10为水温表指针不动检修记录表。

表5-10　水温表指针不动检修记录表

序号	作业内容	检查数据	检修情况	备注
1	检查仪表熔断器和仪表电压			
2	检查水温传感器电压			就车检查
3	检查水温传感器电阻			拔下插头
	判断是否是线路故障			
	线路检查			

3. 水温报警灯报警故障诊断与排除

起动汽车，明确仪表系统的故障，决策故障诊断方案。

（1）制订水温报警灯报警故障诊断计划。

(2) 记录检修数据和结果并分析

表 5－11 为水温报警灯报警检修记录表

表 5－11 水温报警灯报警检修记录表

序号	作业内容	检查数据	检修情况	备注
1	检查发动机冷却系统是否正常			
2	检查发动机水温过高报警开关			
3	检查发动机冷却液液位开关			
4	检查水温报警灯信号线			
5	检查冷却液温度控制器			
	检查仪表线路			

4. 燃油表指针不动故障诊断与排除

起动汽车，明确仪表系统的故障，决策故障诊断方案。

(1) 制订燃油表指针不动故障检修计划

(2) 记录详细检修数据和结果并分析

表 5－12 为燃油表指针不动检修记录表。

表 5－12 燃油表指针不动检修记录表

序号	作业内容	检查数据	检修情况	备注
1	检查仪表熔断器和仪表电压			
2	检查燃油表传感器电压			就车检查
3	检查燃油表传感器电阻			拔下插头
	判断是否是线路故障			
	线路检查			

5. 机油压力报警灯报警故障诊断与排除

起动汽车，明确仪表系统的故障，决策故障诊断方案。

(1) 制订机油压力报警灯报警故障详细检修计划

(2) 记录检修数据和结果并分析

表 5－13 为机油压力报警灯报警检修记录表。

表 5－13 机油压力报警灯报警检修记录表

序号	作业内容	检查数据	检修情况	备注
1	检查发动机润滑系统是否正常			
2	检查怠速油压开关			
3	检查怠速油压开关线			
4	检查油压控制器			
5	检查仪表线路			

6. 任务完成情况评估

任务实施结果	
自我评估	
组长评估	
指导教师评估	

7. 任务完成情况总结

第六单元

车身电器系统故障检修

项目一

刮水器检修

第一部分　实训组织

一、实训目的与要求

1. 能够进行雨刮系统的拆装。
2. 能够进行雨刮片的调整与更换。
3. 能够排除刮水器系统故障。

二、安全与环保教育

1. 拆卸前,对车辆进行必要的保护,避免刮、划面漆。
2. 拆卸电机前,拔出汽车钥匙,切断汽车电源。

三、实训设备及工具

1. 性能良好的实车 1 辆。
2. 常用拆装工具 1 套。
3. 万用表、稳压电源等检测工具。

四、实训步骤与方式

项目	学时分配	教学方式(建议)
课前准备	课余	预习教材,查阅资料。
教师讲授	1 学时	重点讲授汽车刮水器的结构,示范拆卸和调整方法。
实训操作	3 学时	使用工具拆卸刮水器,使用工具安装和调整刮水器。

第二部分　实训内容

汽车刮水器故障是轿车常见故障,特别是雨刮片是汽车易损件,当雨刮片工作异常时必须及时进行检修和保养,以免划伤轿车风挡玻璃。各种车辆的雨刮系统的拆装有一定的差异,但基本方法相近,本项目介绍的是本田汽车雨刮系统的拆卸。

1. 刮水器系统的拆装

为了能将刮水器连同拉杆和电机一同拆下,应先拆下雨刮臂及前罩板。

(1) 雨刮臂的拆卸与安装

拆卸雨刮臂前,应保证刮水器电机在边缘位置,只有这样才能保证安装时正确调整雨刮臂。拆卸步骤:

1) 用螺丝刀撬下两个黑色盖帽。

2) 松开箭头所示的 M8 六角螺母,但不要完全拧下,如图 6-1 所示。

3) 轻轻转动以松开雨刮臂。

4) 完全拧下六角螺母并取下雨刮臂。

安装可按与拆卸相反的顺序进行。

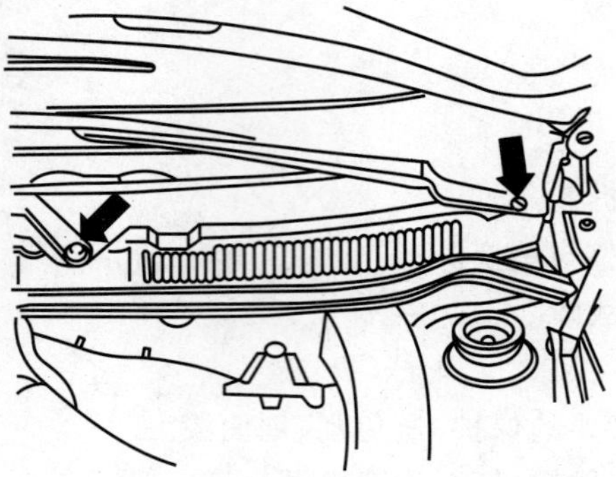

图 6-1 松开六角螺母

(2) 前罩板的拆卸与安装

前罩板在前风挡玻璃下部,插在一根导轨上。拆卸步骤:

1) 如图 6-2 所示,取下密封条 1,拧下螺栓 2。

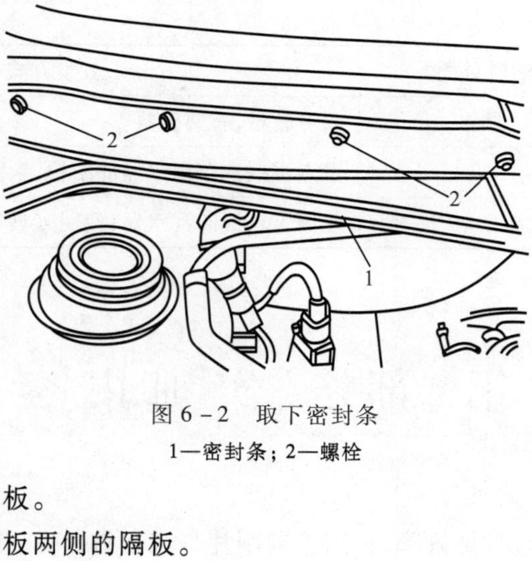

图 6-2 取下密封条

1—密封条; 2—螺栓

2) 取下花粉滤清器护板。

3) 松开箭头所示翼子板两侧的隔板。

4）小心地向上压出前罩板。

安装可按与拆卸相反的顺序进行。

(3) 带拉杆和电机的刮水器拆卸

1）拔下雨刮电机供电插头。

2）如图6－3所示，拧下箭头所示的六角螺栓，取下垫圈。

3）取下刮水器框总成。

(4) 从刮水器框上拆下雨刮电机

1）如图6－4所示，用大螺丝刀从曲拐上撬下杆1。

2）拧下六角螺母2(M8)。

3）取下曲拐。

4）拧下雨刮电机的3个紧固螺栓3(M6)。

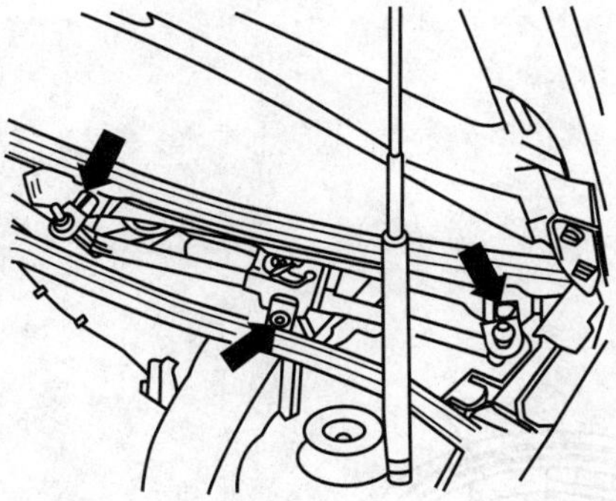

图6－3　拧下六角螺栓

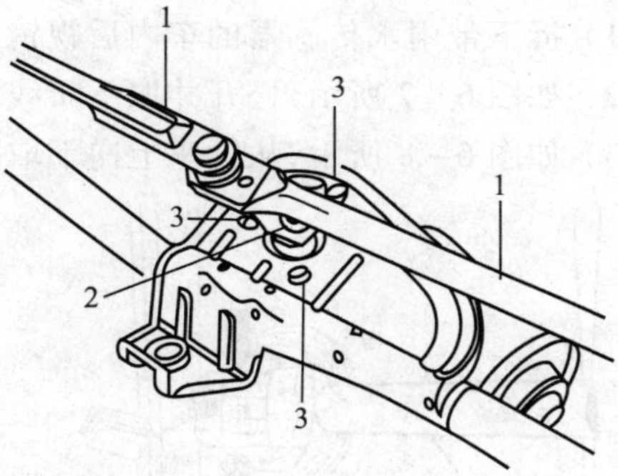

图6－4　用大螺丝刀从曲拐上撬下杆1

1—杆；2—螺母；3—螺栓

(5) 将雨刮电机装到刮水器框上

1）使雨刮电机的边缘位置运行，这样就可以插上供电插头并短时操作雨刮开关。

2）再次拔下供电插头，用M6紧固螺栓固定住雨刮电机。

3）如图6－5所示，装上曲拐并调整，使拉杆成直线，拧紧六角螺母2(M6)。拧紧力矩为20N·m。

4）将拉杆再装到曲拐上。

(6) 调整雨刮片的停止位置

如图6－6所示，使刮水器刮片回到原始位置，调整或装配时，保证刮片与护板间距离$A=30$mm，校正后用20N·m的力矩拧紧雨刮臂。

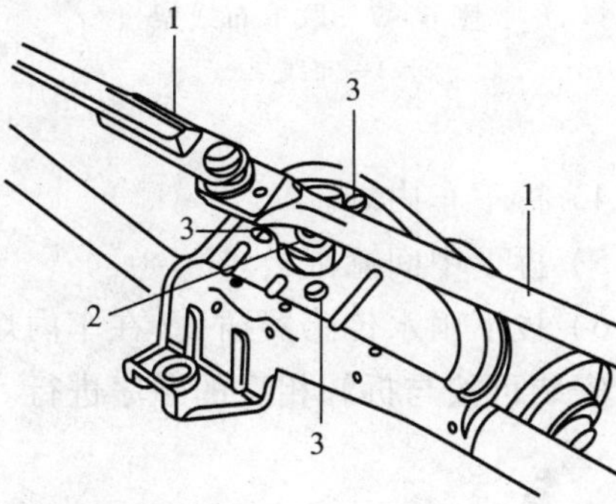

图6－5　拧紧六角螺母2

1—杆；2—螺母；3—螺栓

(7) 雨刮橡胶片的拆装

1）将新的雨刮橡胶片先卡入下部的卡槽内。

2）将两条钢轨装入橡胶片第一个槽内，钢轨凹处指向橡胶片，橡胶片凸缘卡入槽内。

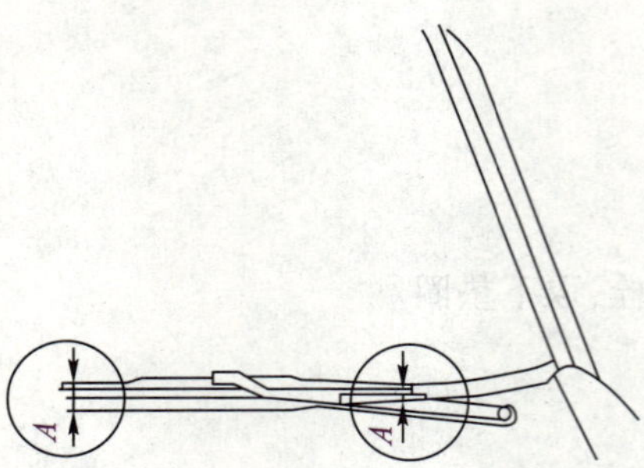

图 6－6 调整雨刮片的停止位置

3）用组合钳压缩两钢轨和橡胶片，装入上部卡夹，要保证卡夹凸夹缘在两面都卡入橡胶片。

（8）雨水传感器的拆装

1）拆下带雨水传感器的车内后视镜。

2）如图 6－7 所示，松开并取下布线架。

3）如图 6－8 所示，从镜座上向下取下雨水传感器。

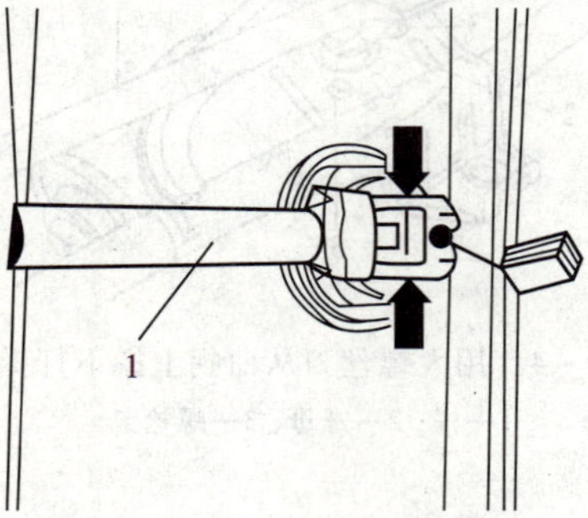

图 6－7 取下布线架

1—布线架

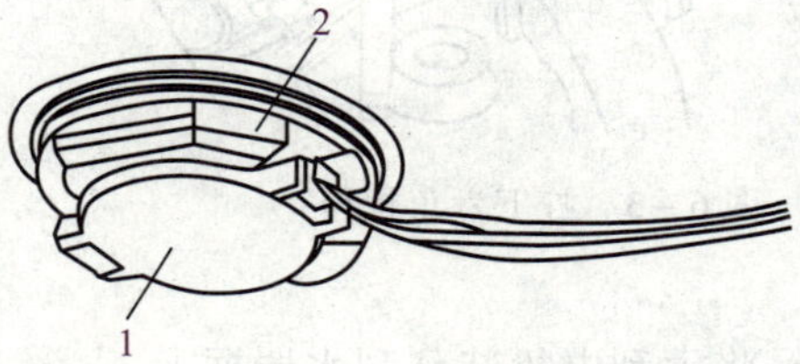

图 6－8 取下雨水传感器

1—传感器；2—底座

4）拆下车内灯。

5）拆下中间遮阳板。

6）拔下雨水传感器插头（在车内灯下），拆下成形车顶下部到风挡玻璃的导线。

安装可按与拆卸相反的顺序进行。

注意

（1）每次拆卸后必须更换雨水传感器。因为拆卸破坏了传感器的粘合面，从而损坏了它的功能。

（2）安装雨水传感器前，应清除风挡玻璃安装面上的污物。

（3）将新传感器装入底座内到风挡玻璃处。

(9) 后风窗刮水器的拆卸

后风窗刮水装置如图 6-9 所示。

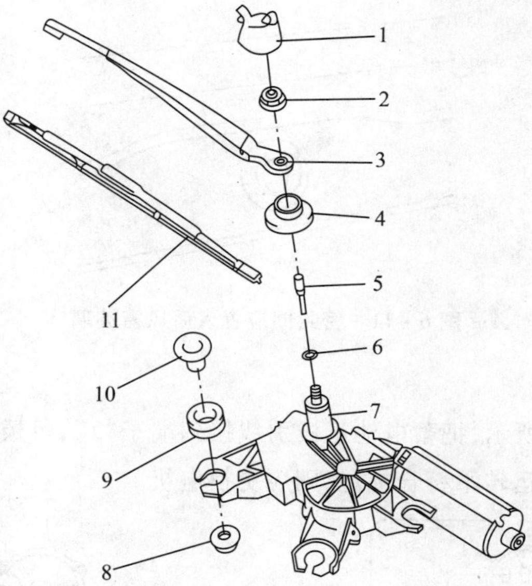

图 6-9　后风窗刮水装置示意图

1—盖帽；2—六角螺母；3—雨刮臂；4—密封件；5—喷嘴；6—密封圈；7—雨刮电机；8—六角螺母；9—橡胶圈；10—隔套；11—雨刮片

1）拆卸雨刮臂,具体步骤如下

① 拆下盖帽；

② 松开六角螺母 SW13；

③ 向上折叠雨刮臂,在圆锥内向侧面转动以松开雨刮臂；

④ 拧下六角螺母,取下雨刮臂；

⑤ 拆下行李厢盖下部装饰板。

2）拆卸后风窗刮水器电机

① 如图 6-10 所示,拔下电机插头；

② 拔下喷嘴软管；

③ 拧下箭头所示的六角螺母 M6,取下刮水器电机。

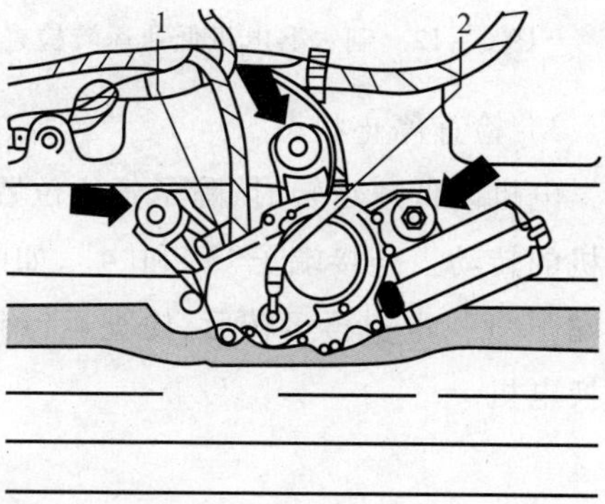

图 6-10　拔下电机插头

1—电机插头；2—喷嘴软管

(10) 后风窗刮水器的安装

1）安装可按与拆卸相反的顺序进行,安装刮水器电机如图 6-11 所示,箭头所示的密封圈应置入后风窗玻璃。

2）调整后风窗雨刮止点位置。宝来轿车的雨刮橡胶片与玻璃下边缘的距离为 15mm。如有需要,可通过变换雨刮臂的位置来调整止点位置。雨刮臂的拧紧力矩为 15N·m。

2. 刮水器控制系统的故障诊断

(1) 刮水器电机的检查

1）检查低速运转状态

检查方法如图 6－12 所示，把蓄电池正极引线接到端子“2”，负极引线接到端子“1”，检查电机是否以低速运转。如果运转不符合规定，则应更换电机。

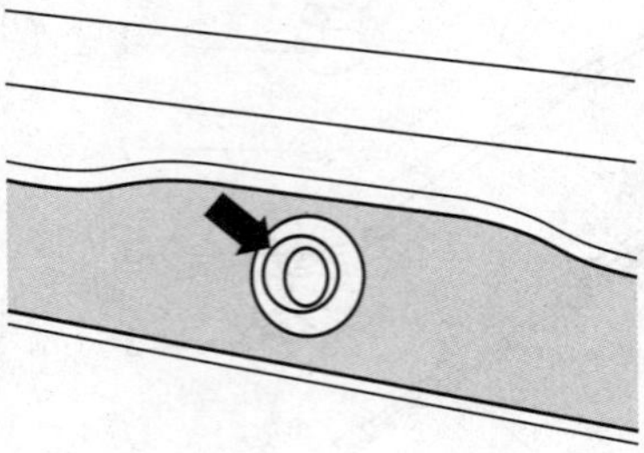

图 6－11 密封圈应置入后风窗玻璃

2）检查高速运转状态

检查方法如图 6－13 所示，把蓄电池正极引线接到端子“2”，负极引线接到端子“1”，检查电机是否以高速运转。如果运转不符合规定，则应更换电机。

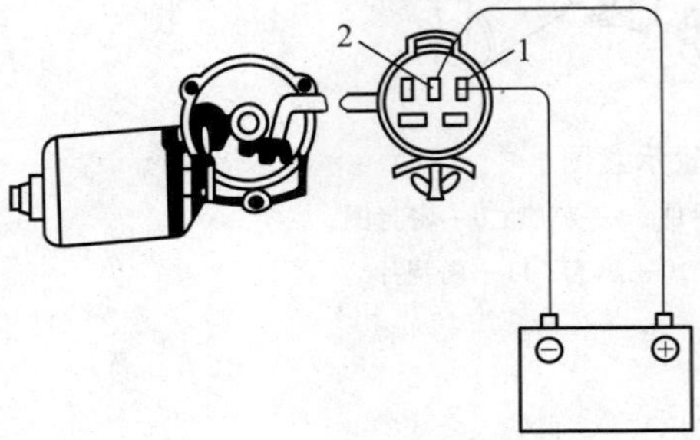

图 6－12 刮水器电机低速运转检查

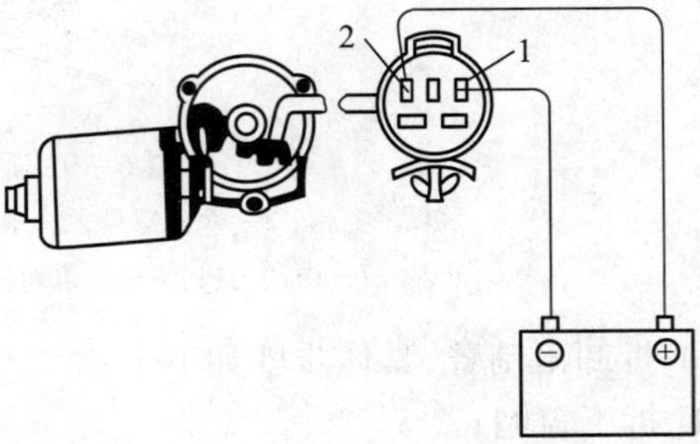

图 6－13 刮水器电机高速运转检查

3）检查停止状态

电机以低速运转时，除了停止位置以外的任何位置，用拆下端子“3”的正极引线的方法停止电机的转动。连接端子“3”和“4”，如图 6－14 所示，蓄电池正极引线接到端子“5”，负极引线接到端子“1”，电机再运转后，检查运行到停止位置时电机是否运转。如果运转不符合规定，则应更换电机。

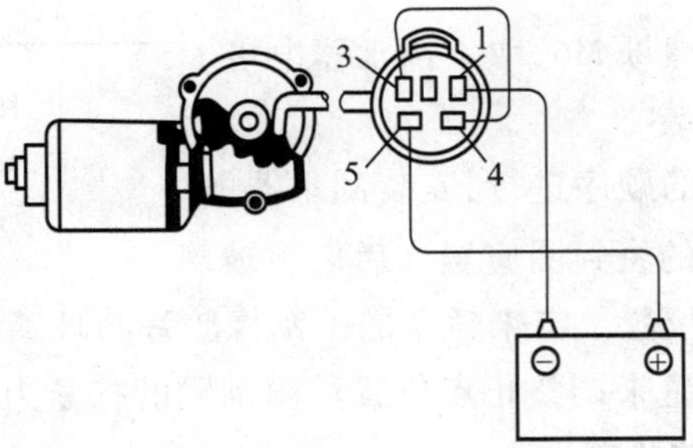

图 6－14 刮水器电机停止位置检查

（2）刮水器继电器的检查

1）检查导通情况

如图 6－15 所示，端子“1”和“2”之间不应导通；端子“1”和“5”之间应导通。否则应更换继电器。

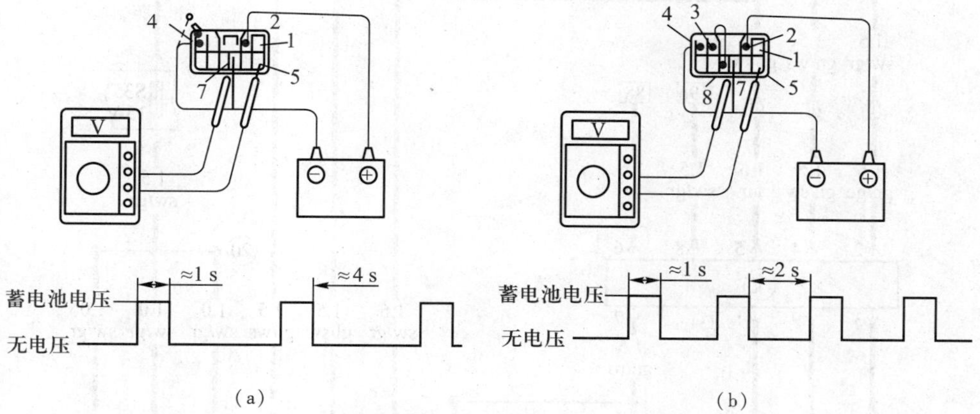

图 6－15　间歇电压变化

2）检查间歇操作

蓄电池正极引线接到端子“2”上，负极引线接到端子“7”上。万用表的正表笔接到端子“5”上，负表笔接到端子“7”上，检查应无电压。蓄电池负极引线再接到端子“4”上，检查电压变化应如图 6－15a 所示。再连接端子“3”和“8”，检查间歇电压变化应如图 6－15b 所示。如果不符合规定，则应更换继电器。

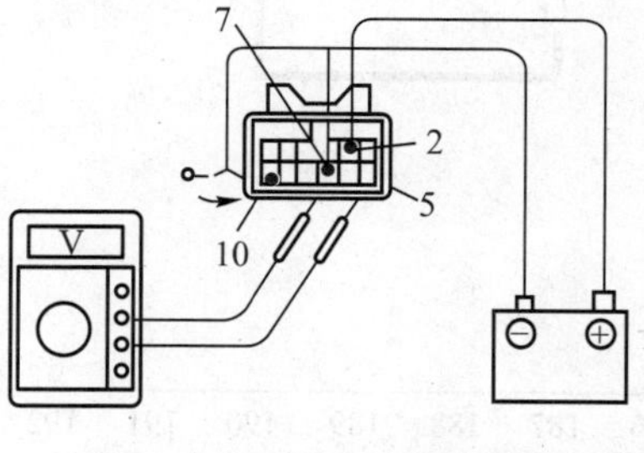

图 6－16　喷水时刮水器联动检查

3）喷水时刮水器联动的检查

如图 6－16 所示，把蓄电池负极与端子“10”接通，万用表的电压从 0V 上很快上升到 12V，若切断端子“10”，大约 2.5s 后万用表电压应从 12V 降到 0V。

3. 捷达轿车刮水器电路

图 6－17 所示为捷达刮水器和喷水电机电路，刮水器电源由 30 号线提供，刮水器开关信号送控制单元 J31，由 J31 控制刮水电机的高速转动、低速转动和间歇转动，喷水电机由雨刮开关直接控制。

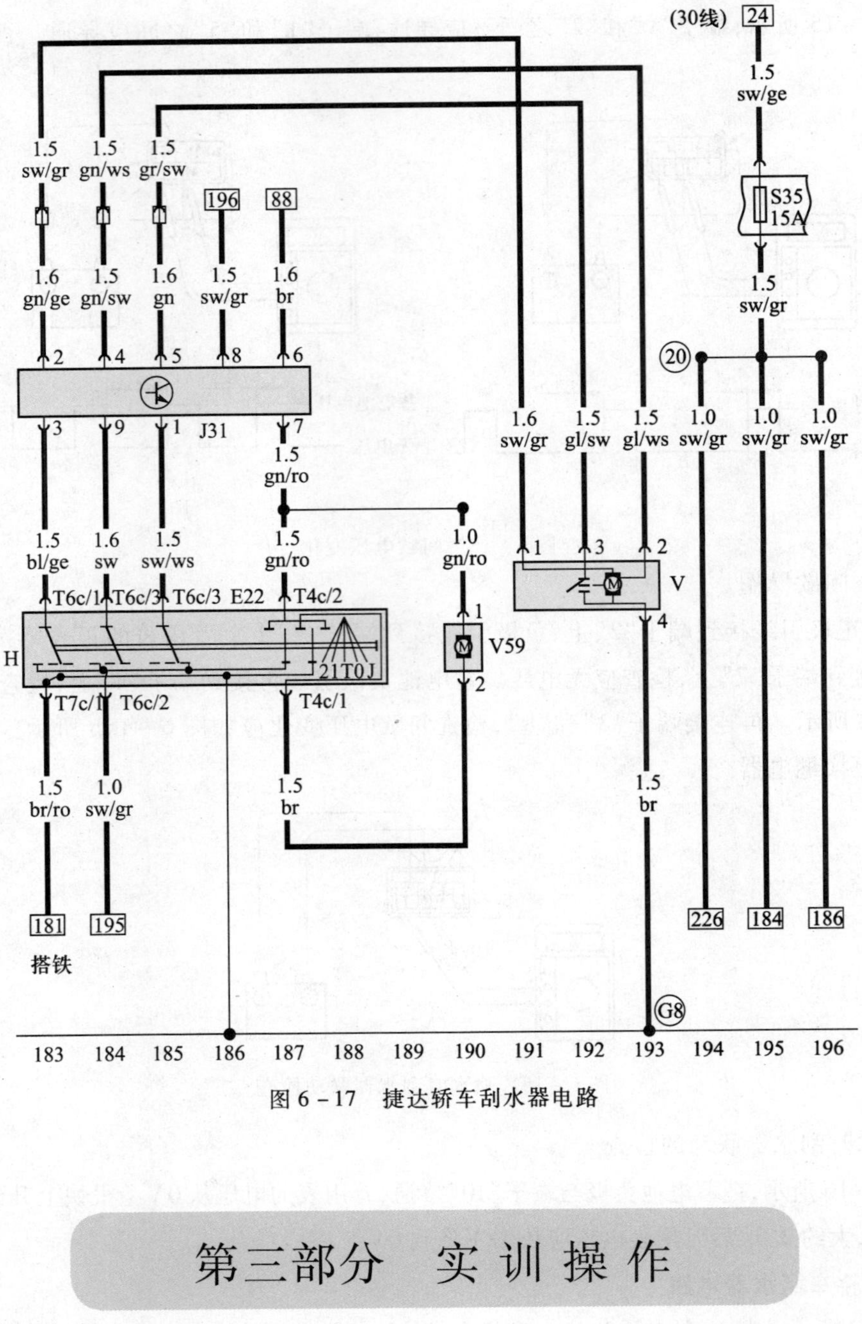

图 6－17　捷达轿车刮水器电路

第三部分　实训操作

1. 接受任务

在汽修厂或生产性实习基地，熟悉修理工作环境，接受本项目工作任务，填写检修任务单（表 6－1）。

表 6－1　检修任务单

任务组长		任务描述			
车牌号		VIN No.			
客户 ID		客户姓名			
邮政编码		地址			
电话 1		电话 2			
车型		SFX		外观颜色	
上次行驶里程		入厂规定			
委托事项		维修内容		必要零件	

2. 刮水器拆卸

起动汽车，明确雨刮系统的故障，写出刮水系统拆卸方案。

（1）写出刮水器拆卸计划

（2）记录拆卸步骤并分析操作情况

表 6－2 为刮水器拆卸记录表。

表 6－2　刮水器拆卸记录表

序号	作业内容	使用工具	操作情况	备注
1	拆卸刮水器支架总成			
2	拆卸刮水器电机			
3	拆卸前风窗洗涤电机			
4	拆卸喷头			
5	依次排列刮水器零部件			

3. 刮水器的检验

认识刮水器零部件，写出刮水器检验方案。

（1）写出刮水器检验计划

（2）记录检查数据并分析

表 6－3 为刮水器检修记录表。

表 6－3　刮水器检修记录表

序号	作业内容	检查数据	检修情况	备注
1	刮水器电机低速线圈电阻			
2	刮水器电机高速线圈电阻			
3	复位端子搭铁电阻			复位时
4	洗涤电机电阻			
5	慢速线端子与复位端子电阻			空挡时
6	慢速线端子与电源端子电阻			慢速时
7	高速线端子与电源端子电阻			高速时
8	复位端子与高、低和间歇端子电阻			间歇时
9	喷水挡电源与喷水线电阻			

4. 刮水器的安装与调整

修复或更换后安装刮水器,决策刮水器安装方案。

(1) 写出刮水器安装、调整计划

(2) 记录安装和调整步骤并分析

表 6-4 为刮水器安装与调整记录表。

表 6-4 刮水器安装与调整记录表

序号	作业内容	检查数据	检修情况	备注
1	安装刮水器电机			
2	安装刮水器电机支架			就车检查
3	安装风窗洗涤器电机			拔下插头
4	安装风窗洗涤器喷头			
5	安装风窗洗涤器软管			
6	安装雨刮片			
7	雨刮系统调整			

5. 刮水器不工作故障诊断

起动刮水器,明确刮水器系统的故障,决策刮水器不工作故障诊断方案。

(1) 写出刮水器不工作故障诊断和检修计划

(2) 记录检查结果并分析。

表 6-5 为刮水器不工作检修记录表。

表 6-5 刮水器不工作检修记录表

序号	作业内容	检查数据	检修情况	备注
1	检查点火开关			
2	检查刮水器熔断器			
3	检查间歇继电器			
4	检查刮水器电机插接电源			就车检查
5	检查刮水器电机			
6	判断是否电路故障			
7	检查刮水器线路			
8	验证故障排除效果			

6. 刮水器不复位故障诊断

起动刮水器,明确雨刮系统的故障,决策故障诊断方案。

(1) 写出刮水器不复位的检修计划

(2) 记录检查数据并分析。

表 6-6 为刮水器不复位检修记录表。

表 6-6　刮水器不复位检修记录表

序号	作业内容	检查数据	检修情况	备注
1	检查刮水器熔断器			
2	检查间歇继电器			
3	检查刮水器开关			
4	检查刮水器复位装置			
5	测量刮水器电机插头复位电源			
6	判断是否电路故障			
7	检查刮水器线路			
8	验证故障排除效果			

7. 任务完成情况评估

任务实施结果	
自我评估	
组长评估	
指导教师评估	

8. 任务完成情况总结

项目二

电动车窗检修

第一部分　实训组织

一、实训目的与要求

1. 能够进行电动车窗的拆装。
2. 能够排除电动车窗的故障。

二、安全与环保教育

1. 拆卸前，对车辆进行必要的保护，避免刮、划面漆。
2. 拆卸电器前，拔出汽车钥匙，切断汽车电源。

三、实训设备及工具

1. 性能良好的实车 1 辆。
2. 常用拆装工具 1 套。
3. 万用表、稳压电源等检测工具。

四、实训步骤与方式

项目	学时分配	教学方式(建议)
课前准备	课余	预习教材，查阅资料。
教师讲授	1 学时	重点讲授电动车窗的基本结构、控制电路图及其控制原理。
实训操作	3 学时	电动车窗系统故障的检查。

第二部分　实训内容

电动车窗目前是轿车的常规配置，由于使用频繁和操作不当等原因，造成电动车窗经常出现故障。

1. 电动车窗的基本组成

如图 6－18 所示，电动车窗系统由车窗、车窗断路器、窗锁开关等装置组成。

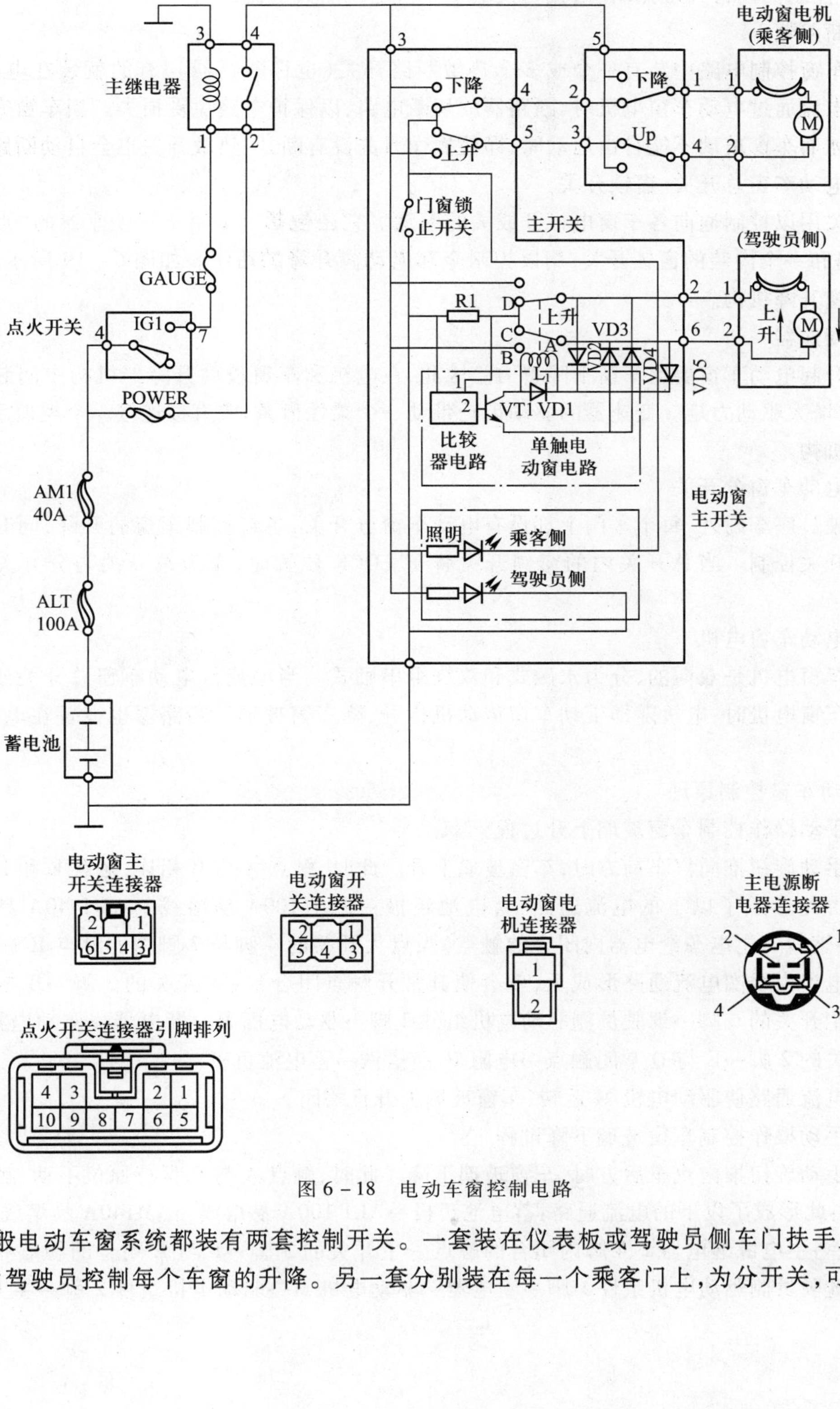

图 6－18 电动车窗控制电路

一般电动车窗系统都装有两套控制开关。一套装在仪表板或驾驶员侧车门扶手上，为主开关，它由驾驶员控制每个车窗的升降。另一套分别装在每一个乘客门上，为分开关，可由乘客进行操纵。一般在主开关上还装有断路开关,如果它断开,分开关就不起作用了。

(1) 主继电器

主继电器中的线圈电流取自蓄电池,通过点火开关 IG1 闭合的触点得到。当该线圈电流通路形成后,控制其内常开触点闭合,去切换电动车窗电机的大电流。

(2) 断路器

电动车窗控制电路中装有一个或多个热敏断路开关(也称断路器),有的就装在电机内,以便有过载电流通过电动车窗电机时,断路器就切断电路,以保护电路免受损失。当车窗完成关闭或由于结冰而车窗玻璃不能自由运动时,即使操作开关没有断开,热敏开关也会自动断路。

(3) 电动车窗总开关、窗锁开关

总开关用以控制通向各车窗电机开或关的电流。它还包括一个用于驾驶座窗的“点触式电动窗”电路和一个内装的窗锁开关,用以控制全部电动窗升降的动作。如图 6 - 19 所示,为典型的电动车窗升降机构。

(4) 变速器

由于升起电动车窗要比车窗下降费力。因此,在电机和车窗玻璃升降器机构中间装有一个变速器,以增大驱动力矩。变速器的驱动齿轮带动一个柔性齿条,或直接连接一个类似手动式的车窗升降机构。

(5) 电动车窗分开关

除驾驶员座车门外,每个车门上都设有电动车窗分开关,各自控制车窗的升降,同时又受电动车窗总开关控制。当总开关内的窗锁开关置于 LOCK 位置时,车窗总开关与分开关均不起作用。

(6) 电动车窗电机

电动车窗电机是双向的,分为永磁式和双绕组串励式。当电流从电动车窗总开关或分开关流入电动车窗电机时,电机随即带动车窗传动机构升、降车窗玻璃。断路器也设置在电机内,以防其过载。

2. 电动车窗控制原理

(1) 手动操作控制车窗玻璃上升过程

当把手动旋钮推向汽车前方时,车窗玻璃上升。此时,触点 A 与 B 相连,触点 E 和 D 处于原来状态。由此形成了以下的电流通路:蓄电池正极→ALT 100A 易熔线→AM1 40A 易熔线→POWER 易熔线→主电源继电器内闭合的触点(当点火开关的 4 脚与 7 脚内的触点 IG1 接通时,主电源继电器内线圈电流通路形成后,就会使其常开触点闭合)→主开关的 3 脚→B 与 A 闭合的触点→主开关的 6 脚→驾驶员侧驱动电机组件 2 脚→驱动电机 M→断电器→驱动电机组件 1 脚→主开关的 2 脚→E 与 D 常闭触点→电阻 R_1→搭铁→蓄电池负极。

这一电流通路使驱动电机 M 运转,车窗玻璃上升且关闭。

(2) 手动操作控制车窗玻璃下降过程

当把手动旋钮推向汽车后方时,车窗玻璃下降。此时,触点 A 与 C 保持原位不动,触点 E 和 F 相连。由此形成了以下的电流通路:蓄电池正极→ALT 100A 易熔线→AM140A 易熔线→POWER 易熔线→主电源继电器 2、4 脚内闭合的触点→主开关的 3 脚→F 与 E 闭合的触点→主开关的 2 脚→驾驶员侧驱动电机组件 1 脚→断电器→驱动电机 M→驱动电机组件 2 脚→主开关的 6

脚→A 与 C 闭合的触点→电阻 R_1→搭铁→蓄电池负极。

这一电流通路使驱动电机 M 反转，车窗玻璃下降，直到底部。

（3）自动控制车窗玻璃升降过程

当把自动旋钮压向汽车前方时，触点 A 和 B 相接，电机按上升箭头方向通过电流，车窗玻璃上升且关闭；与此同时，电阻 R_1 上的电压降低，低电压加于比较器电路 1 脚内，经比较处理后从 2 脚输出高电平，从而使三极管 VT_1 正偏而导通，由此产生了如下的电流通路：蓄电池正极→ALT 100A易熔线→AM1 40A 易熔线→POWER 易熔线→主电源继电器 2、4 脚内闭合的触点→主开关的 3 脚→B 与 A 闭合的触点→二极管 VD_5→电磁线圈 L_1→W_1 导通的 C－E 结→二极管 VD_4→E 与 D 常闭触点→电阻 R_1→搭铁→蓄电池负极。这一电流通路，使电磁线圈 L_1 中有较大的电流通过，产生较大的电磁力，吸引驱动器开关的柱塞，于是把止板向上顶压，越过止板凸缘的滑锁与原来位置被锁定，如图 6－19c 所示。这样，即使手离开自动旋钮，开关仍会保持原来的状态。

当车窗玻璃上升至终了位置时，在电机上有锁止电流通过，电阻上的压降增大。当此电压超过比较器电路内的参考电压时，比较器电路 2 脚变为低电平，VT_1 立即截止，电磁线圈 L_1 中的电流被切断，止板在滑锁内由弹簧的反力压下，自动旋钮自动回复到中立位置，如图 6－19a 所示，触点 A 与 C 重新闭合，电机停转。

车窗玻璃自动下降的情况正好与上述情况相反，操作时只需将自动旋钮压向汽车后方即可。

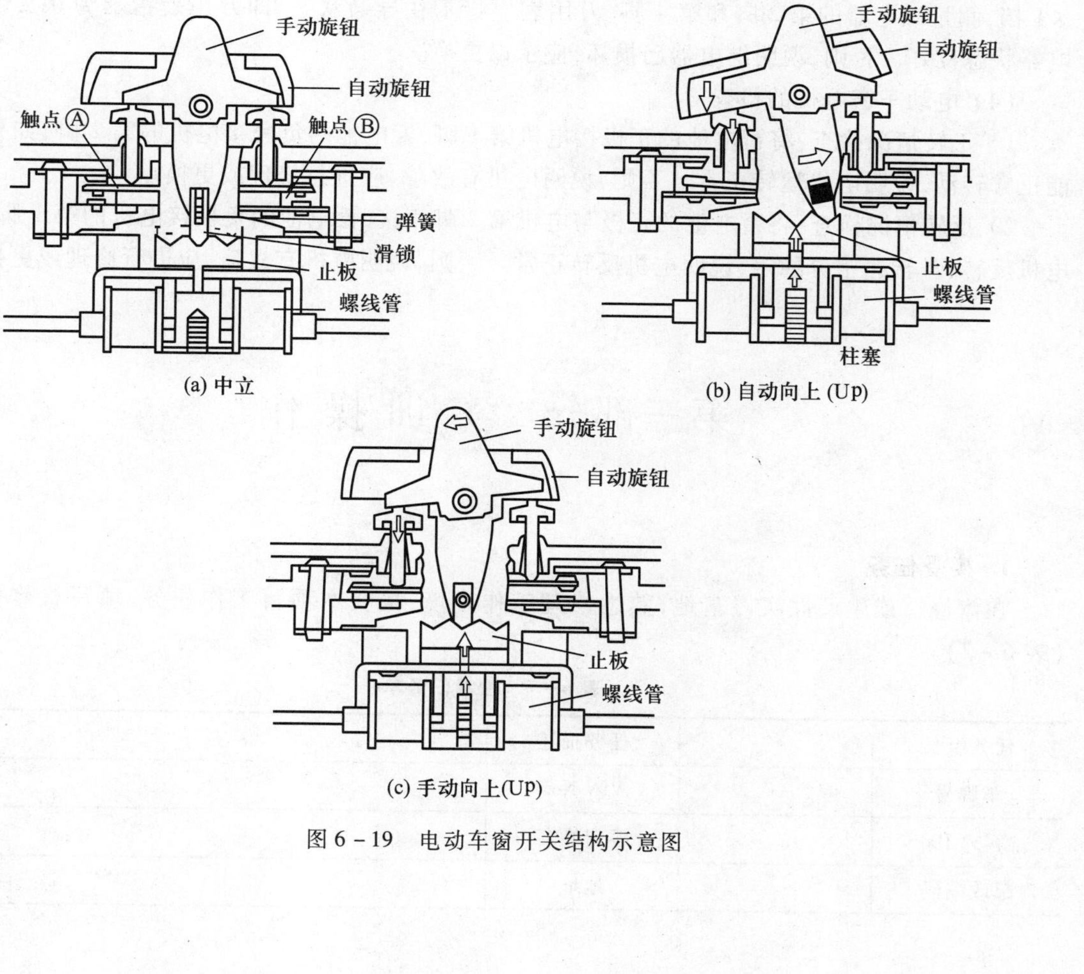

(a) 中立　(b) 自动向上 (Up)　(c) 手动向上(UP)

图 6－19　电动车窗开关结构示意图

3. 电动车窗故障检修

(1) 电动车窗玻璃的检查

检查电动车窗故障之前,应按不同方向轻轻摇动玻璃。因为只要玻璃能向所有方向稍微运动,电机就能使玻璃升降,通过玻璃的检查,可以将检修工作缩小到较小的范围。

(2) 电动车窗开关的检查

主要检查电动车窗主控开关、各分开关各端子之间的导通情况,当车窗开关处于上升、关闭和下降的不同工作状态时,均应导通状态良好。如开关损坏或接触不良,应予以更换。

(3) 电动车窗主电源继电器的检查

其检查方法分为检查主继电器的静态状况和工作状况两种。

1) 检查继电器的静态状态

将万用表置于 $R\times1$ 挡,测量继电器在第 1 脚和第 3 脚应为通路状态。否则,说明继电器线圈断路,应进行修理或更换。

用万用表测量继电器第 1 脚和第 4 脚,应为断路状态。否则,说明继电器触点已烧断,应拆开修理或更换。

2) 检查继电器的工作状态

首先,将 12 V 蓄电池的正极接继电器的第 1 脚,蓄电池的负极接第 3 脚;然后,用万用表的 $R\times1$ 挡,测量继电器的第 2 脚和第 4 脚,万用表应指示在导通状态,即万用表指示为 0Ω,说明继电器状态良好。否则,说明继电器已损坏,应予以更换。

(4) 电动车窗电机的检查

1) 正转情况检查:将蓄电池的正极接电机第 1 脚,蓄电池的负极接电机的第 2 脚,如果电机能正常转动,说明电机运转正常。否则,说明电机有故障,应进行修理或更换。

2) 反转情况检查:将蓄电池的正极与电机第 2 脚相接,蓄电池的负极接电机的第 1 脚,如果电机反转,且转速十分稳定,说明电机反转正常。否则,说明电机有故障,应进行修理或更换。

第三部分 实训操作

1. 接受任务

在汽修厂或生产性实习基地,熟悉修理工作环境,接受本项目工作任务,填写检修任务单(表 6-7)。

表 6-7 检修任务单

任务组长		任务描述	
车牌号		VIN No.	
客户 ID		客户姓名	
邮政编码		地址	

续表

电话 1		电话 2			
车型		SFX		外观颜色	
上次行驶里程		入厂规定			
委托事项		维修内容		必要零件	

2. 电动车窗的拆卸与检验

明确电动车窗的故障，决策电动车窗的拆卸方案。

（1）写出电动车窗的拆卸与检查工作计划

（2）记录操作步骤并分析

表 6－8 为电动车窗拆卸与检修记录表。

表 6－8　电动车窗拆卸与检修记录表

序号	作业内容	检查数据	检修情况	备注
1	拆卸左前电动车窗升降器			
2	拆卸右后电动车窗升降器			
3	检查延时继电器			
	检查自动下降继电器			
	检查电动车窗安全开关			
	检查电动车窗电机			

3. 电动车窗安装与调整

修复或更换后安装电动车窗，决策电动车窗安装与调整方案。

（1）写出电动车窗安装与调整计划

（2）记录操作步骤并分析

表 6－9 为电动车窗安装与调整记录表。

表 6－9　电动车窗安装与调整记录表

序号	作业内容	检查数据	检修情况	备注
1	安装左前电动车窗升降器			
2	安装右后电动车窗升降器			
3	电动车窗系统的调整			

4. 所有电动车窗均不升降故障诊断

起动电动车窗，明确电动车窗的故障，决策故障诊断方案。

（1）写出所有电动车窗均不升降的检修计划。

（2）记录检查结果并分析

表 6－10 为所有电动车窗均不升降检修记录表。

表 6－10 所有电动车窗均不升降检修记录表

序号	作业内容	检查数据	检修情况	备注
1	检查点火开关			
2	检查车窗熔断器			
3	检查电动车窗升降继电器			
4	检查电动车窗热保护器			
5	测量热保护器插座电源正极电压			就车检查
6	检查延时继电器			
	检查延时继电器插座			
	检查电动车窗电动机			就车检查
7	检查刮水器线路			
8	验证故障排除效果			

5. 单个车窗不工作故障诊断

起动电动车窗，明确电动门窗的故障，决策故障诊断方案

(1) 写出所有电动车窗均不工作的检修计划

(2) 记录检修结果并分析

表 6－11 为电动车窗均不升降检修记录表。

表 6－11 电动车窗均不升降检修记录表

序号	作业内容	检查数据	检修情况	备注
1	检查电动车窗开关(车门)			不工作的
2	检查电动车窗电动机			不工作的
3	检查电动车窗电动机插头			就车检查
4	检查自动下降继电器			
5	检查电动车窗升降机构			不工作的
6	检查车窗线路			
7	验证故障排除效果			

6. 任务完成情况评估

任务实施结果	
自我评估	
组长评估	
指导教师评估	

7. 任务完成情况总结

项目三

中控锁检修

第一部分　实训组织

一、实训目的与要求

1. 能够进行中控锁的拆装。

2. 能够排除中控锁的故障。

二、安全与环保教育

1. 拆卸前，对车辆进行必要的保护，避免刮、划面漆。

2. 拆装电器前，拔出汽车钥匙，切断汽车电源。

三、实训设备及工具

1. 性能良好的实车 1 辆。

2. 常用拆装工具 1 套。

3. 万用表等检测工具。

四、实训步骤与方式

项目	学时分配	教学方式（建议）
课前准备	课余	预习教材，查阅资料。
教师讲授	1 学时	重点讲授电动中央门锁的功能和基本结构及其工作原理，示范电动中央门锁的安装、检修方法。
实训操作	3 学时	使用工具安装、检测中控锁。

第二部分　实训内容

1. 电动中央门锁的结构与工作原理

电动中央门锁可分为双向空气压力泵式和微型直流电机式两种。

(1) 双向空气压力泵式中央门锁

双压力泵式电动中央门锁是利用双向空气压力泵产生压力或真空,通过膜盒来完成门锁的开、关动作。主要由机械部分、空气管路和电路3部分组成,是一个独立的控制系统,如图6-20所示。

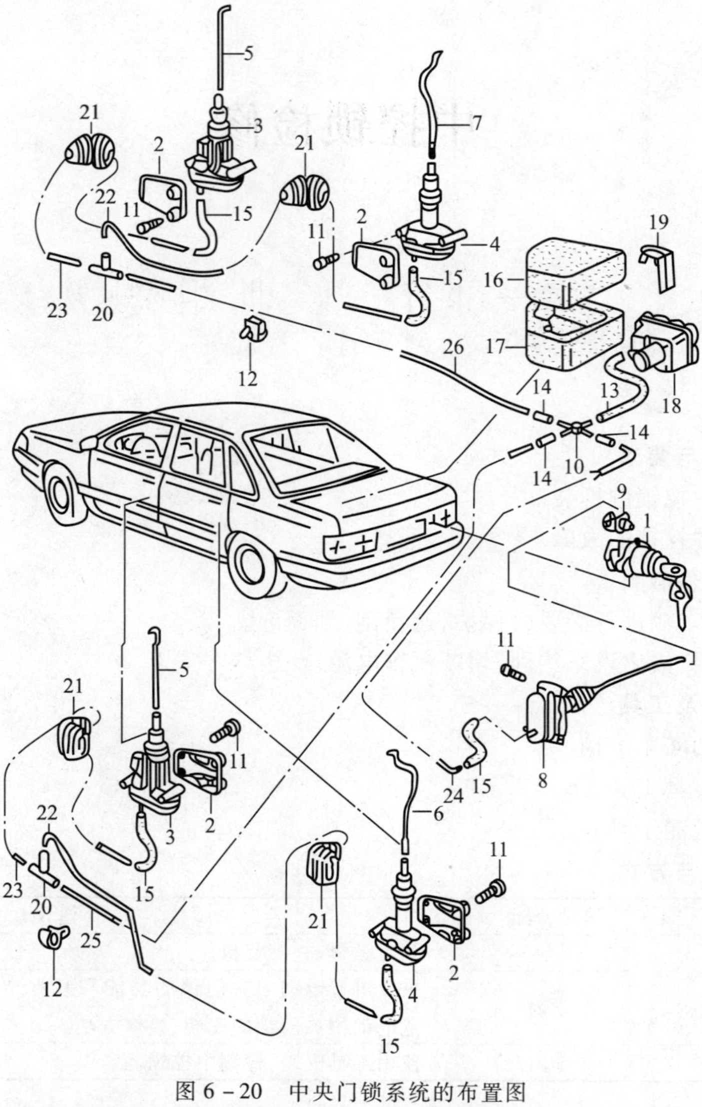

图6-20 中央门锁系统的布置图

1—行李厢盖锁芯总成;2—门锁执行元件固定座;3—前门锁执行元件;4—后门锁执行元件;5—前门锁执行元件操纵杆;6—左后门锁执行元件操纵杆;7—右后门锁执行元件操纵杆;8—行李厢门锁执行元件;9—活结套;10—四通;11—螺钉;12—管夹;13、14、15—连接软管;16、17—减振垫;18—双压力泵及控制器总成;19—支架;20—三通;21—波纹管;22~26—软管

当用钥匙或手拉起两前门的任一门锁扣来打开门锁时,由于锁扣通过连接杆与前车门锁执行元件相连接,连接杆被向上拉起,车门锁执行元件中的门锁开关的开锁触点Ⅰ闭合,如图6-21所示。控制单元收到此信号后,立即控制双压力泵转动压缩空气,系统管路中的气体呈正压,气

体进入4个车门及行李厢的执行元件(膜盒)内,膜片推动连接杆向上运动将各门锁打开。当用钥匙或按下两前门的任一门锁扣来锁住车门时,连接杆被压下,车门锁执行元件的门锁开关的门锁触点Ⅱ闭合。

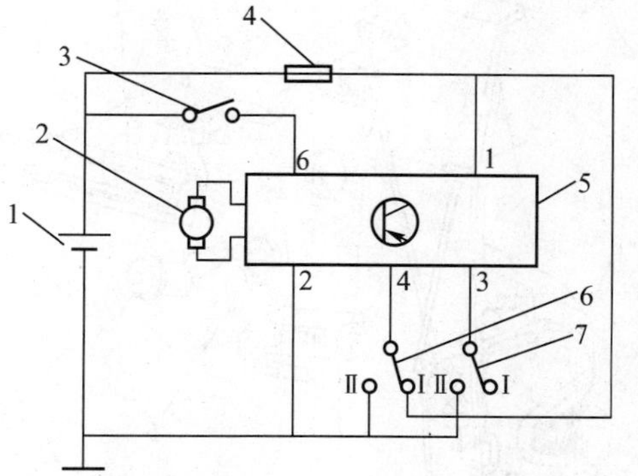

图6-21　中央门锁控制系统控制电路原理图

1—蓄电池;2—双压力泵;3—点火开关;4—熔断器;5—中央门锁控制单元;
6—左前门锁开关;7—右前门锁开关

控制单元收到此信号后,立即控制双压力泵向另一个方向运转,用以抽吸空气,系统管路中呈负压,各门锁的执行元件进入真空状态,膜片带动连接杆向下运动而将各车门锁住。

后车门及行李厢的门锁执行元件与前门有所不同,它们没有门锁开关及接线,只是一个气动执行元件(膜盒)。另外,装有控制单元和双向压力泵的塑料盒内有一个双触点压力开关。压力泵不转动时两对触点都断开;压力泵转动3~7s后,无论是正压还是负压,都会使一对触点闭合,控制单元收到信号后,立即使压力泵停止转动。如果管路或膜盒出现漏气,压力泵虽然转动但建立不起正压或负压,触点不能闭合。控制单元具有压力泵强行保护功能,即延迟电路每次只允许压力泵转动30s便自动停机,其作用是当管路出现漏气故障后,防止压力泵因长时间运转而被烧毁。塑料盒内的系统管路上还装有一个放气阀,每当压力泵停止转动后,此阀立即打开,使系统中管路与大气相通,以备下一次操作;每当压力泵转动之前,此阀立即关闭,使系统管路与大气隔绝。

(2) 直流电机式中央门锁

利用控制直流电机的正反转来实现门锁的开、关动作。直流电机式中央门锁主要由双向电机、导线、继电器、门锁开关及连杆操纵机构组成,如图6-22所示。

当门锁电机运转时,通过门锁操纵连杆操纵门锁动作。电机的旋转方向由经过电机电枢的电流方向决定。若锁门时电机电枢流通的是正向电流,那么开锁时电机电枢流通的则为反向电流,电动机即反向旋转。这样利用电机的正转或反转,就可以完成车门的闭锁和开锁动作。

提供给执行器的锁/开脉冲的任务是由继电器完成的,它是利用电容器的充放电过程来控制脉冲的持续时间,使执行器能完成开、关动作。

门锁执行器通常使用电磁线圈、直流电机或永极型旋转电机,它的任务是通过改变极性转换其运动方向来完成开、关动作的。如图6-23所示为双电磁线圈门锁执行器。

2. 电动中央门锁的检修

(1) 故障检修的注意事项

无论中央门锁系统出现什么故障,应先通过检查,使故障可能存在的部位缩小到一定范围

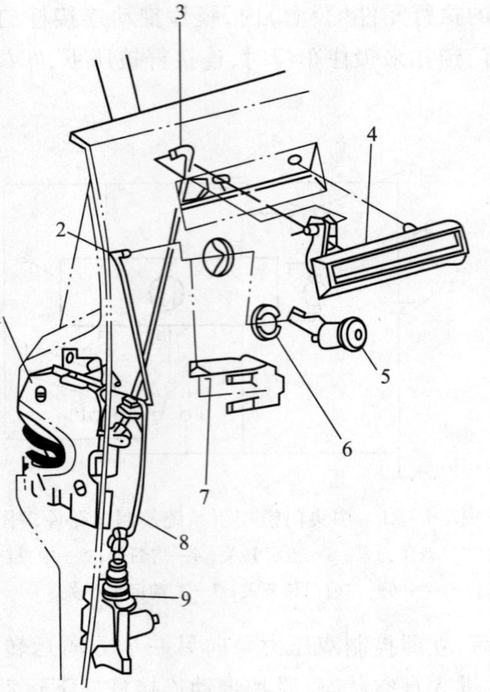

图 6-22 直流电机式中央门锁

1—门锁总成；2—锁芯至门锁连杆；3—外门把手至门锁连杆；4—外门锁把手；5—锁芯；6—垫圈；7—锁芯定位架；8—电机至门锁连杆；9—门锁电机

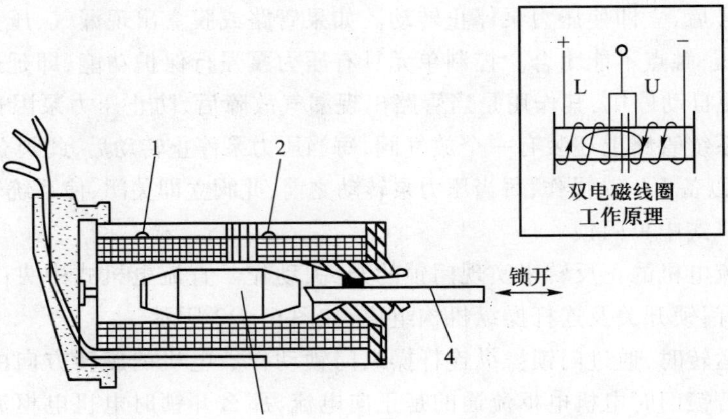

图 6-23 双电磁线圈门锁执行器

1—锁门线圈；2—开锁线圈；3—柱塞；4—连接门锁机构

内，然后再拆下车门内饰，露出门锁机构。最好先将拨动门锁开关后的情况列出图表，然后与维修手册中的故障诊断图表相对照，以便分析故障原因和部位。

在测试电路前，应结合故障诊断图表，先弄清线路图，然后再试加蓄电池电压或用万用表测量。如果盲目地测试，就会损坏昂贵的电子元件。那些有集成电路片组成的器件，测试时应更加小心。

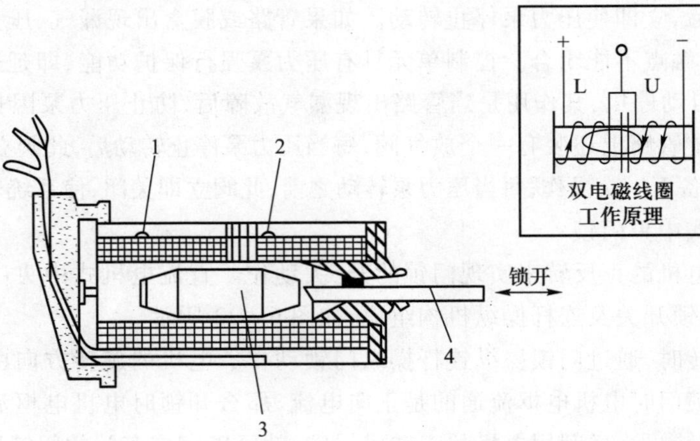

（2）故障检修流程举例

如图 6－24 所示系统，假设全部门锁都不能工作，其诊断流程图如图 6－25 所示，其故障原因可能是继电器无电流输入、开关失灵或继电器损坏。

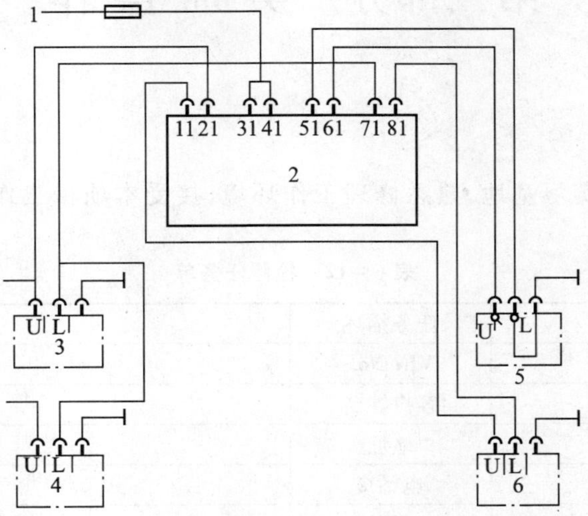

图 6－24　中央门锁系统电路图

1—接点火线圈开关继电器；2—门锁继电器；3—电磁线圈（前）；4—电磁线圈（后）；5—门锁开关（前）；6—门锁开关（后）

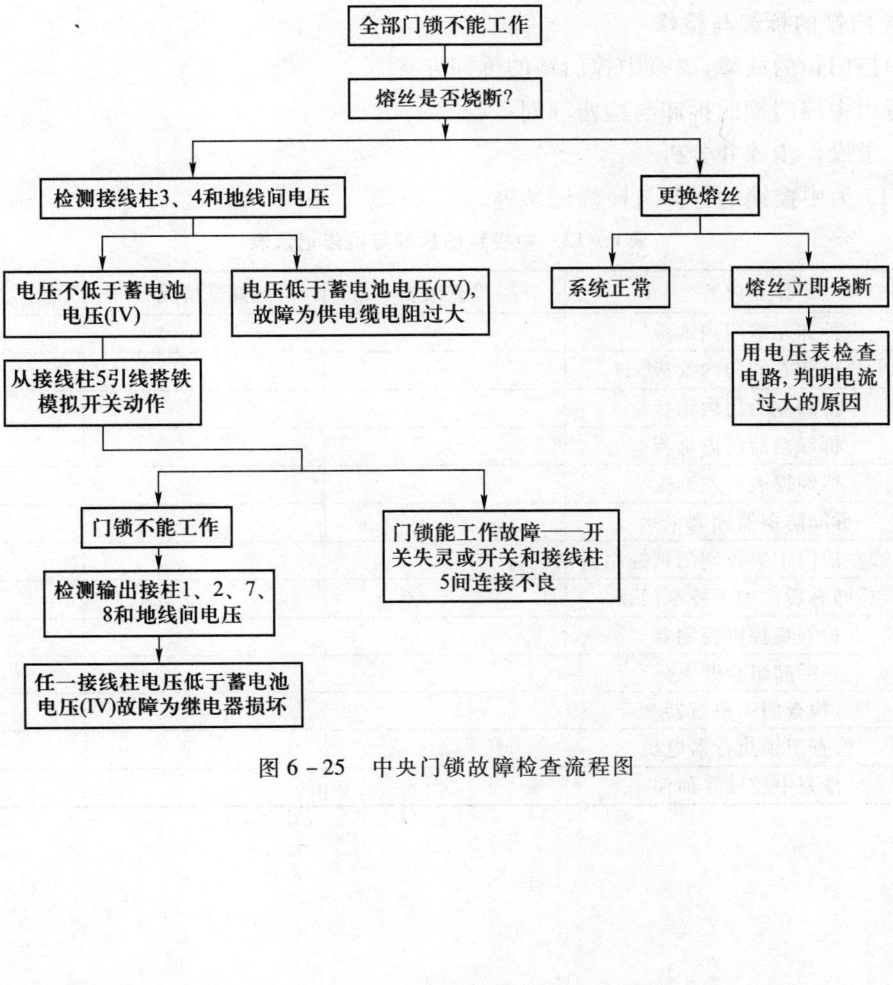

图 6－25　中央门锁故障检查流程图

第三部分 实训操作

1. 接受任务

在汽修厂或生产性实习基地，熟悉修理工作环境，接受本项目工作任务，填写检修任务单（表6－12）。

表6－12 检修任务单

任务组长		任务描述			
车牌号		VIN No.			
客户 ID		客户姓名			
邮政编码		地址			
电话1		电话2			
车型		SFX		外观颜色	
上次行驶里程		入厂规定			
委托事项		维修内容		必要零件	

2. 中控门锁的拆卸与检修

明确中控门锁的故障，决策中控门锁的拆卸方案。

（1）写出中控门锁的拆卸与检修计划

（2）记录操作步骤并分析

表6－13为中控锁的拆卸与检修记录表。

表6－13 中控锁的拆卸与检修记录表

序号	作业内容	检查数据	检修情况	备注
1	拆卸左前门内饰板			
2	拆卸右前门内饰板			
3	拆卸左后门内饰板			
4	拆卸右后门内饰板			
5	拆卸仪表台左饰框			
6	拆卸防盗器控制单元			
7	拆卸左前门中央控制门锁控制器			
8	拆卸右后门中央控制门锁			
9	检查集控锁控制器			
10	拆卸组合开关			
11	检查门锁执行器			
12	检查门锁执行器电机			
13	排列中控锁零部件			

3. 中央控制门锁的安装与调整

修复或更换后安装中央控制门锁，决策中央控制门锁安装与调整方案。

(1) 写出中央控制门锁安装与调整计划

(2) 记录操作步骤并分析

表 6-14 为中央控制门锁安装与调整记录表。

表 6-14 中央控制门锁安装与调整记录表

序号	作业内容	检查数据	检修情况	备注
1	安装门锁执行器			
2	安装组合开关			
3	安装左前门中央控制门锁控制器			
4	安装右后门中央控制门锁			
5	安装防盗器控制单元			
6	调整中央门锁			
7	安装左前门内饰板			
8	安装右前门内饰板			
9	安装左后门内饰板			
10	安装右后门内饰板			

4. 中控门锁不工作故障诊断

起动中控门锁，明确中控门锁的故障，决策故障诊断方案。

(1) 写出中控门锁不工作检修计划

(2) 记录检查数据并分析

表 6-15 为中控门锁不工作检修记录表。

表 6-15 中控门锁不工作检修记录表

序号	作业内容	检查数据	检修情况	备注
1	检查中控门锁熔断器			
2	测量集控锁控制器插接器电压			
3	检查集控锁控制器			
4	测量集控锁控制器控制线电压			
5	测量门锁执行器电机插接器电压			
6	检查门锁执行器电机			
	检查门锁执行器传动齿轮			
	检查线路和开关			确定线路故障后
7	验证故障排除效果			

5. 任务完成情况评估

任务实施结果	
自我评估	
组长评估	
指导教师评估	

6. 任务完成情况总结

项目四

电动座椅、后视镜检修

第一部分 实训组织

一、实训目的与要求

1. 会正确操作电动座椅和后视镜。
2. 能够制订电动座椅、后视镜电子控制系统的检修计划。
3. 能够排除电动座椅和后视镜故障。

二、安全与环保教育

1. 拆卸前，对车辆进行必要的保护，避免刮、划面漆。
2. 拆装电器前，拔出汽车钥匙，切断汽车电源。

三、实训设备及工具

1. 性能良好的实车1辆。
2. 常用拆装工具1套。
3. 万用表等检测工具。

四、实训步骤与方式

项目	学时分配	教学方式（建议）
课前准备	课余	预习教材，查阅资料。
教师讲授	1学时	重点讲授电动座椅和后视镜的基本结构及其控制原理。
实训操作	2学时	电动座椅和后视镜基本故障的检修。

第二部分 实训内容

汽车座椅的主要功能是为驾驶员提供便于操作、舒适而又安全的驾驶位置；为乘员提供不易疲劳、舒适而又安全的乘坐位置。座椅调节的目的就是使驾驶员和乘员乘坐舒适，通过调节还可以改变坐姿，减少乘员长时间乘车的疲劳。

座椅的调节正向多功能化发展，使座椅的安全性、舒适性、操作性日益提高。其种类很多，还可以有不同的组合方式。如具有8种调节功能的电动座椅，其动作方式有座椅的前后调节、上下调节、座位前部的上下调节、侧背的倾斜调节、侧背支撑调节、腰椎支撑调节以及靠枕上下、前后调节。

电动座椅前后方向的调节量一般为100～160mm，座位前部与后部的调节量约为30～50mm。全程移动所需时间约为8～10s。

1. 电动座椅的组成

如图6－26所示，电动座椅一般由双向电机、传动装置和座椅调节器等组成。

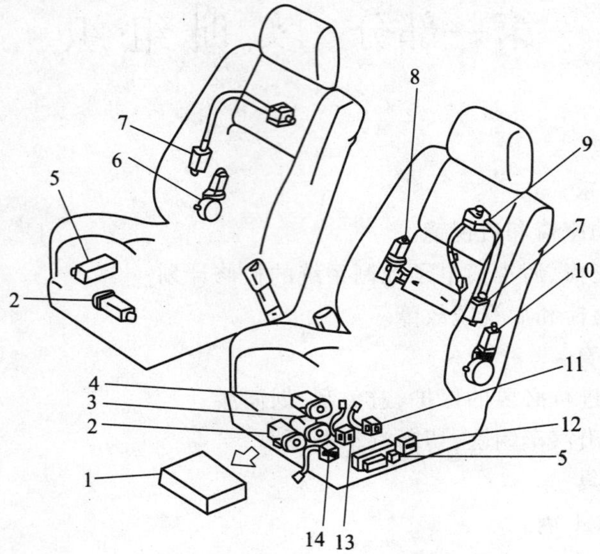

图6－26 电动座椅的构造

1—电动座椅ECU；2—滑动电机；3—前垂直电机；4—后垂直电机；5—电动座椅开关；6—倾斜电机；7—头枕电机；8—腰垫电机；9—位置传感器（头枕）；10—倾斜电机和位置传感器；11—位置传感器（后垂直）；12—腰垫开关；13—位置传感器（前垂直）；14—位置传感器（滑动）

（1）电机

电机的数量取决于电动座椅的类型，通常两向移动座椅装有两个电机，四向移动的座椅装有4个电机，最多可达6个电机。大多数电动座椅使用永磁式电动机，通过开关来操纵电机按不同方向旋转。为防止电机过载，大多数永磁式电机内装有断路器。

（2）传动机构

电机的旋转运动通过传动机构改变座椅的空间位置。

1）高度调整机构

如图6－27所示，高度调整机构由蜗杆轴、蜗轮、心轴等组成。调整时蜗杆轴在电机的驱动下，带动蜗轮转动，从而保证心轴旋进或旋出，实现座椅的上升与下降。

2）纵向调整机构

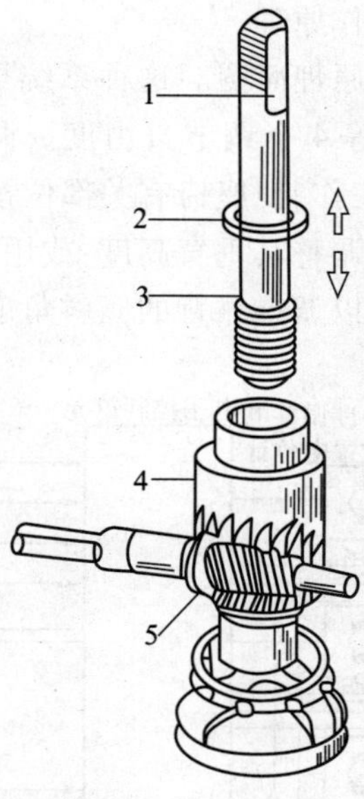

图 6 - 27　高度调整机构

1—铣平面；2—止推垫片；3—心轴；4—蜗轮；5—挠性驱动蜗杆轴

如图 6 - 28 所示，纵向调整机构由蜗杆、蜗轮、齿条、导轨等组成，齿条装在导轨上。调整时，电机转矩经蜗杆传至两侧的蜗轮上，经导轨上的齿条，带动座椅前后移动。

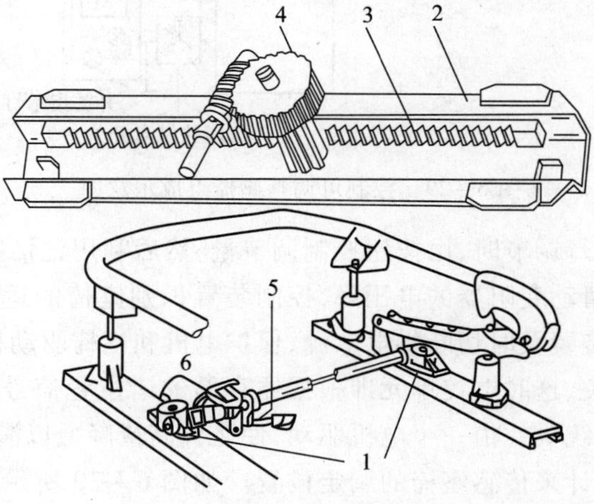

图 6 - 28　纵向调整机构

1—支承及导向元件；2—导轨；3—齿条；4—蜗轮；5—反馈信号电位计；6—调整电机

2. 电动座椅的电子控制原理

(1) 电动座椅电子控制装置

电动座椅电子控制装置由位置传感器、电控单元和执行机构等组成。各调整部位都有其单独的位置传感器和执行机构，图 6 - 26 中的传感器用于将位置信号输给电控单元，供其存储和复位时使用。执行机构的作用是使调整部位按要求运动至设定的位置。传感器有位置传感器和霍尔集成电路式传感器两种。执行机构包括电机、变速器和移动或转动的机构。

(2) 电动座椅电子控制装置的工作原理

如图 6－29 所示为电控座椅调整原理简图。这种系统可使座椅获得座椅前后位置、前部垂直高度、后部垂直高度和字背倾斜角等 4 个调节自由度。调整时,电机按电控单元的指令而旋转,通过挠性或刚性传动带动变速器工作,使座椅有关部位按要求运转。这些变速器一般用蜗杆蜗轮驱动机构,直接作用于座椅架,以调整其垂直高度:或用蜗轮驱动齿轮齿条机构,以调整座椅的前后位置,或直接用蜗杆蜗轮传动,以调整靠背的倾斜角度。

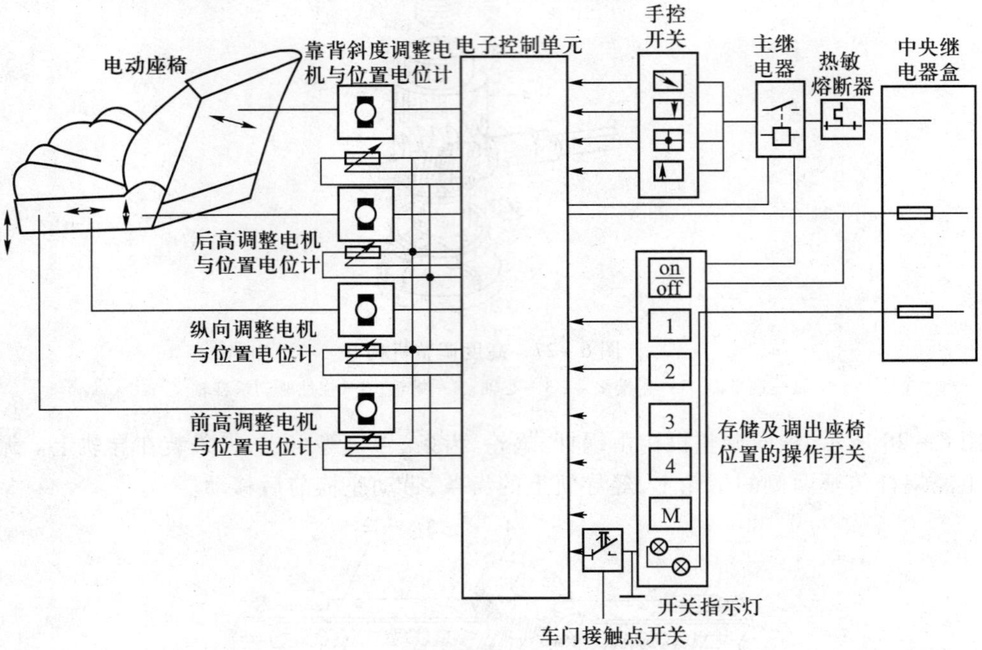

图 6－29 控制可调整座椅组成示意图

通过手动调整开关进行调节时,由按钮控制调节量,然后利用记忆按钮控制某一位置的数据存储:座椅位置信号取自滑动变阻器的电压降,控制装置识别座椅的运动机构是否达到上止点,到达上止点位置时,控制装置及时切断供电电源,保护电机和座椅驱动机构。当驾驶位置改变后需要复位时,按下复位开关,这时电控单元即根据原存储的诸位置信号,使座椅恢复到原来的驾驶位置。有的电动座椅系统头枕由一个电机驱动,使之升高或降低以满足高矮乘客不同的需要。

存储装置用 4 个电位计来传感座椅的调定位置。如图 6－30 所示电位计由一根螺杆驱动,一个滑块在电阻丝面上滑动。传给电子控制装置的电压信号决定于滑块的位置。当座椅位置调定后,驾驶员只要按下存储器的按钮,电子控制装置就把这些电压信号存储起来,作为以后重新调整座椅位置的基准。

3. 电动座椅的检修

(1) 电动座椅控制系统检修注意事项

1) 在进行故障分析前,应先检查蓄电池电压是否充足;继电器上的熔丝是否完好;驾驶员一侧车门保持打开(具有存储功能的电动座椅)。

2) 自动调节靠背倾度的极限为 35°,要求更大的靠背倾度,则需用操纵机械调节按键来完成。

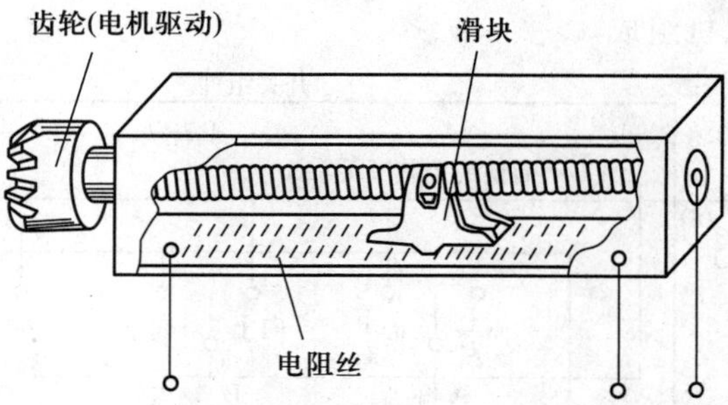

图 6－30　感知座椅位置的电位计机构示意图

3）关上驾驶员一侧车门进行调节功能操纵，在关上车门后 10min 内进行。10min 后，车门接触开关关闭自动调节功能。

4）关上驾驶员一侧车门 30s 后进行调出操纵，须一直按住所选位置键，直至座椅移到存储位置才可松开。

5）仅在更换调整电机或反馈信号电位计时，才可以进行反馈信号电位计的调整。只有拆掉驾驶员座椅才能进行电位计的调整工作。

6）当变速手柄不在驻车（P）位置时，不要使用驾驶位置复位开关来进行调整。

7）在踩下制动踏板时，也不要使用复位开关。

（2）电动座椅故障检修

1）操纵系统不工作或出现噪声

检查电磁阀与车身搭铁情况。如搭铁情况不良，操作系统不可能工作。

使用测试灯在熔断器板上检查断路器，指示灯发亮与开关状态无关。如果座椅继电器有吸合声，故障可能出现在电机上。

在检测继电器和电机之前，还应检测开关上的电压，故障也可能出现在开关上。

2）座椅电机运转，但座椅不能移动，遇到这种故障时，可检查电机和变速器之间的橡胶万向节是否磨损坏。

3）座椅继电器有接合响声，但电机不工作，应该检查电机、电机与继电器之间的线路。双磁场绕组型电机搭铁不良也容易引起这类故障。

4. 电动后视镜的结构

汽车上的后视镜的位置直接关系到驾驶员能否观察到车后的情况，与行车的安全性有着密切联系。而后视镜的调整一般来说比较麻烦。采用电动后视镜，可通过开关进行调整，操作起来十分方便。

电动后视镜的背后装有两套电机和驱动器，可操纵反射镜上下及左右转动。通常，上下方向的转动用一个电机控制，左右方向的转动由另一个电机控制。通过改变电机的电流方向，即可完成后视镜的上下及左右的调整。

有的电动后视镜还带有伸缩功能，由伸缩开关控制伸缩电机工作，使整个后视镜回转伸出或缩回。

5. 电动后视镜控制原理

如图 6－31 所示，电动后视镜控制电路主要由点火开关、熔断器、后视镜控制开关、左右调节开关、左侧与右侧后视镜电机组成。

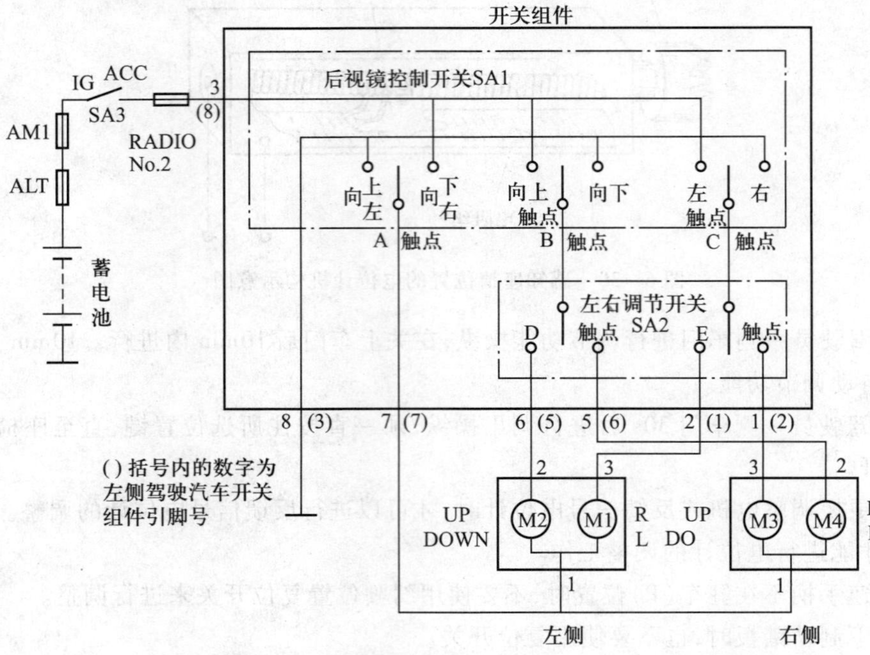

图 6－31　后视镜电路示意图

电源通路为：蓄电池正极→ALT 熔断器→AM1 熔断器→点火开关 SA3→RADIO No. 2 熔断器→控制开关组件 3 脚。

汽车左、右两侧后视镜的工作原理基本相同，现以左侧后视镜为例进行分析。

(1) 后视镜向左摆动

当左右调节开关 SA2 的 D、E 触点拨向左侧时，就分别与左侧的开关触点接通，则左侧后视镜处于被控状态。当控制开关 SA1 的 A、C 触点拨向左侧时，就分别与左侧的开关触点接通，由此就形成了如下的电流通路：控制开关组件 3 脚输入的蓄电池正极电压→控制开关 SA1 的 C 触点→左右调节开关的 E 触点→开关组件 2 脚→左侧后视镜电机组件 3 脚→电机 M1→左侧后视镜电机组件 1 脚→开关组件 7 脚→控制开关 A 触点→开关组件 8 脚→搭铁→蓄电池负极。通过此通路，使后视镜左、右电机驱动后视镜向左摆动。

(2) 后视镜向右摆动

当控制开关 SA1 的 A、C 触点拨向右侧时，就分别与右侧的开关触点接通，由此就形成了如下的电流通路：控制开关组件 3 脚输入的蓄电池正极电压→控制开关 SA1 的 A 触点→开关组件 7 脚→左侧后视镜电机组件 1 脚→电机 M1→左侧后视镜电机组件 3 脚→开关组件 2 脚→左右调节开关 SA2 的 E 触点→控制开关 C 触点→开关组件 8 脚→搭铁→蓄电池负极。通过此通路，使后视镜左、右电机驱动后视镜向右摆动。

(3) 后视镜向下摆动

当控制开关 SA1 的 B、A 触点拨向右侧(此时 SA2 的 D、E 触点在左侧)时，就形成了如下的电流通路：控制开关组件 3 脚输入的蓄电池正极电压→控制开关 SA1 的 A 触点→开关组件 7 脚→左侧后视镜电机组件 1 脚→电机 M2→左侧后视镜电机组件 2 脚→开关组件 6 脚→左右调节开关 SA2 的 D 触点→控制开关 SA1 的 B 触点→开关组件 8 脚→搭铁→蓄电池负极。通过此通路，使后视镜上、下电机驱动后视镜向下摆动。

（4）后视镜向上摆动

当控制开关 SA1 的 B、A 触点拨向左侧时，就形成了如下的电流通路：控制开关组件 3 脚输入的蓄电池正极电压→控制开关 SA1 的 B 触点→左右调节开关 SA2 的 D 触点→开关组件 6 脚→左侧后视镜电机组件 2 脚→电机 M2→左侧后视镜电机组件 1 脚→开关组件 7 脚→控制开关 SA1 的 A 触点→开关组件 8 脚→搭铁→蓄电池负极。通过此通路，使后视镜上、下电机驱动后视镜向上摆动。

6. 电动后视镜系统的故障的检查

1）当电动后视镜出现故障时，应先检查熔断器和断路器，并用万用表电阻挡测试开关总成。

2）如开关完好，应用 12 V 电源跨接线检查电机的工作情况，接线换向时，电机也应反向转动。

3）如电机工作正常，而后视镜仍不能运动，则应检查连接后视镜控制开关和车门或仪表板金属件的搭铁情况。

第三部分　实训操作

1. 接受任务

在汽修厂或生产性实习基地，熟悉修理工作环境，接受本项目工作任务，填写检修任务单（表 6－16）。

表 6－16　检修任务单

任务组长		任务描述			
车牌号		VIN No.			
客户 ID		客户姓名			
邮政编码		地址			
电话 1		电话 2			
车型		SFX		外观颜色	
上次行驶里程		入厂规定			
委托事项		维修内容		必要零件	

2. 电动座椅的拆卸与检查

明确电动座椅的故障，决策电动座椅的拆卸方案。

(1) 写出电动座椅的拆卸与检查计划

(2) 记录操作步骤并分析

表 6－17 为电动座椅的拆卸与检修记录表

表 6－17 电动座椅的拆卸与检修记录表

序号	作业内容	检查数据	检修情况	备注
1	拆卸电动座椅			
2	拆卸电动座椅开关			
3	拆卸电动座椅驱动机构与传感器			
4	拆卸座椅支撑与导向元件			
5	拆卸座椅控制单元			
6	检查座椅前端上、下移动电机电阻			
7	检查座椅后端上、下移动电机电阻			
8	检查座椅纵向移动电机电阻			
9	检查座椅靠背移动电机电阻			
10	检查座椅开关导通情况			
11	排列座椅元器件			

3. 电动座椅的安装与调整

修复或更换后安装电动座椅，决策电动座椅安装与调整方案。

(1) 写出电动座椅安装与调整计划

(2) 记录操作步骤并分析

表 6－18 为电动座椅安装与调整记录表。

表 6－18 电动座椅安装与调整记录表

序号	作业内容	检查数据	检修情况	备注
1	安装电动座椅开关			
2	安装电动座椅			
3	安装座椅控制单元			
4	检查电动座椅前高、后高调节			
5	检查电动座椅纵向及总高、座椅靠背倾斜度调节			
6	调整座椅到合适位置			

4. 电动座椅不能调整故障诊断

起动电动座椅，明确电动座椅的故障，决策故障诊断方案。

(1) 写出电动座椅不能调整检修计划

(2) 记录检修结果并分析

表 6－19 为电动座椅不能调整检修记录表。

表 6－19　电动座椅不能调整检修记录表

序号	作业内容	检查数据	检修情况	备注
1	检验蓄电池存储电量			放电电压
2	检查电动座椅熔断器			
3	检查座椅连接线			
4	用外部电源检查电动座椅			
5	检查座椅开关			
6	检查控制单元			
7	验证故障排除效果			

5. 电动后视镜不工作故障诊断

检查电动后视镜，明确电动后视镜的故障，决策故障诊断方案。

（1）写出电动后视镜不工作检修计划

（2）记录检修结果并分析

表 6－20 为电动后视镜不工作检修记录表。

表 6－20　电动后视镜不工作检修记录表

序号	作业内容	检查数据	检修情况	备注
1	检验蓄电池存储电量			放电电压
2	检查电动后视镜熔断器			
3	检查电动后视镜开关			
4	检查电动后视镜电机			
5	检查后视镜连接线			
6	验证故障排除效果			

6. 任务完成情况评估

任务实施结果	
自我评估	
组长评估	
指导教师评估	

7. 任务完成情况总结

参考文献

[1] 李春明,魏崴. 汽车电器设备与维修. 西安:西安科技大学出版社,2003.
[2] 舒华. 汽车电器设备与维修. 北京:北京理工大学出版社,2005.
[3] 董宏国. 汽车电路分析. 北京:北京理工大学出版社,2005.
[4] 娄云. 汽车电路分析. 北京:机械工业出版社,2006.
[5] 丰田汽车公司. 汽车电器设备维修. 北京:高等教育出版社,2006.
[6] 杨勇. 轿车电气设备维修实训集. 北京:人民交通出版社,2007.
[7] 段伟,马光胜. 汽车电器构造与维修. 北京:中国水利水电出版社,2010.
[8] 明光星,李培军. 汽车电器实训教程. 北京:中国人民大学出版社,2010.
[9] 史立伟,张少洪,张学义. 汽车电器. 北京:国防工业出版社,2011.
[10] 杨智勇. 汽车电器. 北京:人民邮电出版社,2011.

增值学习卡账号使用说明

学习卡是为使用本教材的学生与老师提供在线学习和数字资源下载的一项增值服务。

使用时，请您访问网址 http://hve. hep. com. cn，以前未在本网站注册的用户，请先用您的邮箱进行注册，注册成功的邮箱即为登录账号。用户登录后，可使用本书封底标签上的防伪明码和暗码进行充值，成功后可获得50小时的高职相关课程的多项增值服务。

已充值的课程自充值之日起一年内有效，过期作废。

使用本学习卡账号如有问题，请发邮件至：“hvziyuan@ pub. hep. cn”。

学习卡咨询电话：010－58581894